A ERA DA CURADORIA:
O QUE IMPORTA É SABER O QUE IMPORTA!
EDUCAÇÃO E FORMAÇÃO DE PESSOAS EM TEMPOS VELOZES

PAPIRUS ◆ DEBATES

A coleção Papirus Debates foi criada em 2003 com o objetivo de trazer a você, leitor, os temas que pautam as discussões de nosso tempo, tanto na esfera individual como na coletiva. Por meio de diálogos propostos, registrados e depois convertidos em texto por nossa equipe, os livros desta coleção apresentam o ponto de vista e as reflexões dos principais pensadores da atualidade no Brasil, em leitura agradável e provocadora.

MARIO SERGIO CORTELLA
GILBERTO DIMENSTEIN

A ERA DA CURADORIA:
O QUE IMPORTA É SABER O QUE IMPORTA!
EDUCAÇÃO E FORMAÇÃO DE PESSOAS EM TEMPOS VELOZES

PAPIRUS   7 MARES

Capa	Fernando Cornacchia
Coordenação	Ana Carolina Freitas
Transcrição	Nestor Tsu
Edição	Ana Carolina Freitas e Aurea Guedes de Tullio Vasconcelos
Diagramação	DPG Editora
Revisão	Edimara Lisboa e Isabel Petronilha Costa

Dados Internacionais de Catalogação na Publicação (CIP)
(Câmara Brasileira do Livro, SP, Brasil)

Cortella, Mario Sergio
  A era da curadoria: O que importa é saber o que importa!
(Educação e formação de pessoas em tempos velozes)/Mario
Sergio Cortella, Gilberto Dimenstein. – Campinas, SP: Papirus 7
Mares, 2015. – (Coleção Papirus Debates)

ISBN 978-85-61773-78-6

1. Comunicação 2. Comunicação e tecnologia 3. Educação –
Finalidades e objetivos 4. Educação e comunicação 5. Sociedade
da informação 6. Sociedade do conhecimento I. Dimenstein,
Gilberto. II. Título. III. Série.

15-06205   CDD-371.33

Índice para catálogo sistemático:

1. Tecnologia educacional: Educação   371.33

1ª Edição – 2015
11ª Reimpressão – 2023
Livro impresso sob demanda – 150 exemplares

Proibida a reprodução total ou parcial da obra de acordo com a lei 9.610/98.
Editora afiliada à Associação Brasileira dos Direitos Reprográficos (ABDR).

A grafia deste livro
está atualizada
segundo o Acordo
Ortográfico da
Língua Portuguesa
adotado no Brasil
a partir de 2009.

DIREITOS RESERVADOS PARA A LÍNGUA PORTUGUESA:
© M.R. Cornacchia Editora Ltda. – Papirus 7 Mares
R. Barata Ribeiro, 79, sala 316 – CEP 13023-030 – Vila Itapura
Fone: (19) 3790-1300 – Campinas – São Paulo – Brasil
E-mail: editora@papirus.com.br – www.papirus.com.br

Sumário

Educar pela comunicação;
comunicar pela educação 7

Curadoria do conhecimento 19

Cidadania, comunicação e educação:
Eixo indissociável 29

Credibilidade e crítica 39

Aprender em tempo real e pelo resto da vida 51

Nova era? E o que já era?
De Gutenberg ao virtual de nossos dias 65

Empoderamento:
"É junto dos bão que ocê fica mió" 75

Simultaneidade, instantaneidade
e conectividade 85

"O que importa é saber o que importa" 101

Glossário.. 109

N.B. Na edição do texto foram incluídas notas explicativas no rodapé das páginas. Além disso, as palavras em **negrito** integram um **glossário** ao final do livro, com dados complementares sobre as pessoas citadas.

Educar pela comunicação; comunicar pela educação

Gilberto Dimenstein – Sou movido por um conflito profissional – e venho transformando esse conflito em fonte de inspiração. Até certo momento, eu tinha extrema clareza do que fazia, de como podia ser um bom jornalista. Foi essa clareza que me possibilitou conquistar todos os prêmios que recebi como jornalista, no Brasil e no exterior. Foi ela que me lançou em várias matérias investigativas, me fez viajar pelo país, me fez trabalhar a questão da criança, a questão da corrupção. Profissionalmente, eu estava numa zona de conforto muito clara, apesar das imensas dificuldades para realizar aquelas matérias que iam desde a descoberta de falcatruas nos porões do poder até o assassinato de crianças ou a exploração sexual de meninas no Norte e no Nordeste. Eu podia não ser a melhor das pessoas, mas me sentia entre os melhores repórteres. A vida profissional era, em síntese, muito fácil e muito difícil ao mesmo tempo: situação financeira estável, convites para trabalhar em vários lugares, livros publicados em todo o mundo; mas a vaidade é a mãe de muitas ilusões.

Esse conforto desmoronou. Já não sabia direito o que fazia. A crise surgiu quando comecei a perceber que esse caminho era suficiente para o meu jornalismo e para as ilusões do ego, mas não para a minha alma. O jornalista tem que procurar ser distante, crítico, frio até. É assim que busca um mínimo de objetividade – isso até onde um ser humano é capaz de se livrar da subjetividade. Esse é o seu papel na sociedade, o que implica, na maioria das vezes, buscar as trevas para jogar luz. Onde brilha a luz, o jornalista vai ver as trevas; quando alguém se apresenta como redentor, ele vai investigar para descobrir, no sujeito, uma fraude; onde há uma proposta de governo, ele vai detectar uma falha. Assim, o jornalista acaba sendo cínico, cético, desconfiado, e, muitas vezes, o que para a maioria das pessoas é pessimismo, para ele é, basicamente, realismo. De acordo com esse perfil, portanto, eu me sentia à vontade. Eu conhecia as regras do jogo, sabia fazer uma manchete, uma reportagem e assim por diante. Vaidade profissional e até nossas mesquinharias (o sonho de ver a matéria na primeira página, quando, aliás, ainda existia essa primeira página no reino do jornalismo impresso). Sou do tempo, afinal, em que as pessoas ainda esperavam o jornal em papel para ver as novidades.

Mario Sergio Cortella – Gosto muito dessa expressão "sou do tempo" porque ela indica um pertencimento histórico! E eu "sou do tempo" em que os pais mais argutos ou favorecidos ordenavam aos filhos a leitura diária do jornal. Era o caso de meu pai, Antonio. Todos os dias de manhã ele saía de casa para trabalhar e dizia: "De noite vou querer saber tudo o que leu hoje, quais são as notícias e o que é importante". Mescla de suplício carinhoso com preocupação educativa, esse ordenamento me ajudou imensamente, embora de vez em quando me colocasse em conflito com ele. Mas, e seu conflito profissional, como eclodiu?

Dimenstein – O conflito que me mergulhou na crise de identidade (e, provavelmente, salvou minha sanidade mental ao me levar para o campo da educação) teve início quando comecei a escrever matérias sobre violência contra a criança. Foram as mais importantes da minha vida, que me tomaram muitos meses de investigação e circularam pelo mundo em forma de livros e documentários. Depois dessas reportagens, realizadas na década de 1990, transformadas em livros como *A guerra dos meninos** e *Meninas da noite*,** senti que não bastava apenas comunicar; queria mudar a realidade. Mas não me

---

* *A guerra dos meninos: Assassinato de menores no Brasil.* São Paulo: Brasiliense, 1990. (N.E.)
** *Meninas da noite: A prostituição de meninas-escravas no Brasil.* São Paulo: Ática, 1997. (N.E.)

envolvendo em partidos, sindicatos, governo, e sim usando a única coisa que imagino que sei fazer com menos deficiência: a comunicação. Nesse momento, as linguagens da comunicação e da educação se misturaram em minha vida como se fossem uma só. E foi aí que começou minha confusão de identidade: se o jornalista tem que procurar o pior das coisas, o educador tem que buscar o melhor. Ou seja, na situação em que tudo são trevas, o educador se abre para a seguinte compreensão: "Aqui tem uma luz. Esse jovem que não aprende tem capacidade para isso". Se numa reportagem o jornalista não descobriu o que tem de ruim ali, não significa que esse ruim não exista: ele é que é um mau jornalista. Se o educador, numa situação de ensino-aprendizagem, não conseguiu ensinar, não é que a possibilidade de ensinar não esteja lá, mas ele é que é um mau educador. Pois, para ser educador, é preciso ser um otimista. O educador tem que acreditar no poder de transformação pela palavra, tem que acreditar que "no princípio era o verbo", como prega são João no Evangelho; tem que acreditar na ideia de que existe sempre a luz, de que é possível a mudança, de que a palavra funciona. Portanto, se por definição o jornalista tem que ser pessimista, o educador precisa ser otimista. A palavra provoca mudança, e é a educação que faz a sociedade ser melhor.

Não é difícil, então, imaginar o que se passa na cabeça de alguém do jornalismo que ingressa na educação, trabalhando com a mesma força em ambas as áreas e sem contar com um instrumental teórico para lidar com elas. Porque o jornalismo tem regras claras: o profissional tem que ser objetivo, frio. Mas, quando ele entra na área da educação, é outra a sua postura: "Não, eu não sou frio. Quero mudar, interferir, criar recursos educativos que ajudem as crianças na escola, quero desenvolver programas que trabalhem a cidadania em sala de aula". Esse motor, embora angustiante, ao mesmo tempo me levou à seguinte reflexão: quais os limites da comunicação e quais os limites da educação? Onde eles se cruzam? E comecei a fazer uma série de experiências da educação com comunicação, nas quais eu tentava trabalhar com as duas ideias: educar pela comunicação e comunicar pela educação. Minha percepção era de que pudesse existir um ponto comum nessas linguagens. E aí tive muita sorte de morar nos Estados Unidos, em Nova York. Eu era acadêmico visitante na Universidade de Columbia no momento em que a internet explodiu no mundo, com o *www*, o *html*. Ficou evidente que tínhamos um excesso de informação como nunca houvera na história da humanidade. Mas excesso de informação não significa apenas excesso de conhecimento; significa também excesso de confusão. Ou seja, o jornalismo do futuro deveria ter elementos que contextualizassem a notícia, que levassem as pessoas a saber como usá-la – e nesse ponto acho que a comunicação e a educação se aproximam. Ou seja, a informação não pode estar desprovida do contexto, caso contrário não gera conhecimento. Por exemplo, se alguém tentar me explicar como funciona a teoria da relatividade, vou enfrentar muita dificuldade, porque não tenho um contexto que me facilite o entendimento disso. Mas, se ele me mostrar uma metáfora do **Fernando Pessoa**, por mais complexa que seja, acho que vou ter uma chance de entender, porque faz parte do meu contexto.

Nesse laboratório individual, estava repartido na vida jornalística com a *Folha de S.Paulo* e a CBN, ao mesmo tempo que desenvolvia experiências curriculares no Colégio Bandeirantes, pelo uso da comunicação na educação, e também no Aprendiz, com o conceito de bairro-escola, ou seja, com a proposta de fazer uma malha de conhecimentos em torno da escola a partir da cidade. Além disso, escrevia livros didáticos que, com a linguagem ágil e atraente do jornalismo, pudessem trabalhar temáticas cotidianas vinculadas às matérias profissionais. Ou seja, um campo fértil de aprendizagens e conflitos. Se tenho uma grande dívida na vida é com a *Folha de S.Paulo* – e, especialmente, seu *publisher* **Otavio Frias Filho** –, pois, por mais de duas décadas, fui apoiado nessas experiências, e pude estar em Columbia e Harvard, o que me proporcionou formar uma rede de contatos para tocar meus projetos de educação. Mas chegou um momento em que meus conflitos também eram os conflitos com o jornal, a cujo conselho editorial eu pertencia. O jornal teria espaço para um jornalista-educador, para quem comunicar seria também mobilizar?

Desse conflito já estava nascendo minha resposta: o Catraca Livre, que, iniciado em São Paulo, foi meu projeto de Harvard, cujo objetivo era misturar linguagens de comunicação, educação e empoderamento comunitário. O *slogan* do projeto era: comunicar para empoderar. Como sabemos, a melhor forma de empoderar é educar. O *site* chegou a ter, em junho de 2015, 26 milhões de usuários únicos, virou *case* da escola de negócios de Harvard e foi apontado por um júri formado por especialistas da Universidade de Oxford, do *Financial Times* e da BBC como uma das 100 mais importantes experiências digitais para inovação social. Ou seja, minha alma se juntou ao que eu imaginava que deveria ser meu papel profissional.

Cortella – Eu queria passear um pouco nisso desenvolvendo um raciocínio com você. O que leva alguém a lidar com a formação de pessoas? Porque educação e comunicação lidam com formação. Isto é, nós supomos que as pessoas, não nascendo prontas, devem ser formadas numa direção que consideramos boa; empenhamo-nos, então, a formar a boa pessoa, a criar o bom espírito, aquilo que os gregos chamavam de *eudaimonia* – o bom espírito ou a felicidade, como é a tradução para o latim. O que é criar uma pessoa feliz? Não a pessoa eufórica, que ri de uma maneira desvairada, mas aquela que não tem uma vida não fértil, aquela que não tem uma vida banal, fútil, superficial, inútil.

A palavra *felix*, em latim, significa "feliz" e "fértil". Porque felicidade é não esterilizar o sonho, não perder a esperança. Nesse sentido, a educação e a comunicação possuem um ponto em comum, que é formar pessoas que tenham vida fértil. Essa vida fértil não é a vida do indivíduo fértil – porque não há fertilidade individual –, mas é a vida coletiva fértil, é ser fértil em meio a outras pessoas. Mesmo a felicidade, como a alegria súbita, ou um momento de euforia, é boa quando partilhada. Se estou extremamente feliz por algo, quero que outra pessoa fique alegre junto comigo, de maneira que haja partilha.

Considero que o ponto de chegada da educação e da comunicação é a fertilidade para as pessoas, do modo que você, Gilberto, coloca a aproximação do jornalista com o pedagogo. Vou usar a palavra *pedagogo*, aplicando-a a todo aquele que, mesmo não tendo formação escolar específica – tal qual **Paulo Freire**, que era advogado –, dedica-se a questões de educação. E vou usar pedagogo para contrapor a jornalista – contrapor não no sentido de oposição, mas como um outro modo de ser.

Por que estou dizendo isso? Porque há dois modos de aproximação à comunicação que se acentuaram nos últimos 50 anos: o modo jornalístico e o modo pedagógico. O modo jornalístico era o do relato do dia. A própria palavra *jornalista* é exatamente isto: aquele que conta como foi o dia. Há uma divergência de ação entre os dois modos: o jornalista conta o dia e o pedagogo prepara o futuro. Quando você "entra em crise", Gilberto, ela nada mais é do que a crise de transição de crisálida para borboleta, de alguém que conta o dia e faz a autópsia – pois o jornalismo é autópsia como finalidade última. Já a educação é biópsia. É pegar uma coisa viva, ver o que ela tem de destrutível e de falecimento e procurar mantê-la viva de uma maneira mais substantiva.

No profetismo judaico antigo, profeta era aquele que fazia a denúncia e o anúncio. O profeta que só denunciava não era respeitado. O profeta que só dizia que as coisas não estavam bem, que algo não servia, ou não prestava, não tinha credibilidade. O bom profeta era aquele que comunicava o anúncio. E o jornalismo, em grande medida, foi a denúncia e não o anúncio. O modo meramente jornalístico arcaico – não o tradicional, porque o tradicional é uma coisa boa – se contentava com a autópsia, e o modo pedagógico arcaico se contentava em doutrinar pessoas numa direção. Isso vai nos levar a uma constatação: o educador é mais esperançoso.

Dimenstein – Posso fazer um parêntese aqui? Depois que passamos de certa idade, a ideia de morrer vira uma coisa cotidiana. Porque muitas pessoas conhecidas morrem. E toda vez que penso nos momentos felizes da minha vida, vejo que nunca foram os momentos alegres, mas sim aqueles em que, graças à minha fertilidade ou à minha criatividade, eu atingi uma coisa.

Cortella – Sim, porque é o momento da conquista.

Dimenstein – Até vou contar uma experiência que vivi. Num exame de rotina, recebi o diagnóstico de um possível tumor. Claro que, numa situação dessas, qualquer pessoa fica angustiada, ansiosa, e sente o chão desabar. Mas, curiosamente, uma parte de mim sentiu certo prazer – o prazer da curadoria. Enquanto o resultado final não chegava, fiquei como um sábio, só pensando em coisas essenciais, nada de mesquinharias; a vida tinha se tornado profunda e poética. Fazia balanços ao perceber como tinha desperdiçado o tempo com bobagens, como tinha deixado de falar coisas importantes para pessoas importantes, quantas vezes havia deixado de escutar coisas importantes para prestar atenção em gente supostamente importante por seus cargos. Ver-me como um cretino em muitas situações era libertador.

Cortella – Você passou a ser seletivo.

Dimenstein – Exatamente, fiquei seletivo. Comecei a pensar em quais foram os momentos realmente felizes e importantes da minha vida. Em nenhum deles apareceu o vinho tomado em Londres, os meus adoráveis passeios em Nova York, onde morei, minhas caminhadas pela Vila Madalena, onde vivo hoje. O que se destacou foram os momentos em que, graças à minha engenhosidade, ou graças a alguma coisa que vivenciei, eu superei algum problema – ou pelo menos estive perto disso.

Cortella – Você sabe, Gilberto, que dos sete pecados capitais só havia um até o final da Idade Média, aquilo a que chamamos acídia, vinda do latim *acedia*, que é tibieza ou preguiça. O único pecado capital era a preguiça – não a preguiça de trabalhar, mas a preguiça de fazer as coisas acontecerem bem, de se esforçar para salvar a própria alma de não querer ajudar outras pessoas. Seria quase a ideia de negligência. O Catraca Livre, dizendo de outro modo, é um bólido contra a preguiça no sentido de acídia. Isto é, por mais que as pessoas digam que não há alternativas, o tempo todo esse portal de comunicação diz: "Aqui há uma, aqui há outra e mais outra". Esse tipo de libelo contra a acídia é uma das características do nosso tempo, que é capaz de agregar esses vários modos de acerto. Não há como separar educação e comunicação, porque ensinar é comunicar, assim como comunicar é ensinar. As duas transitam dentro da mesma ideia. Usei de propósito a expressão *ensinar* porque ensinar, ou *insignare*, significa "deixar uma marca", "gravar alguma coisa em alguém", "deixar um sinal", por isso "insígnia", a percepção de que se marca algo em alguém.

É curioso porque, nos tempos em que estamos vivendo, essa transição que você levanta, Gilberto, de uma perspectiva meramente informativa, denunciatória e menos propositiva, poderia nos levar a entender o jornalismo como isento: o jornalista não propõe, tem que ser isento. Ora, isso é exatamente o inverso da educação escolar, cujo objetivo é propor. Aproxima mais a educação da política do que o jornalismo. Aliás, o jornalismo se colocou durante muito tempo como apolítico, embora não o fosse. A educação jamais se colocou dessa maneira, tanto que Paulo Freire falava da educação como um ato político. Dificilmente alguém a favor da isenção escreveria: "O jornalismo é um ato político". Na verdade, afirmaria o oposto, que o jornalismo não é um ato político. Não são poucos os jornalistas que se envergonham de entenderem que o que fazem é um ato político, porque grande parte deles pressupõe política sempre de um modo estatal, oficial, ligado à dominação... Nós, da educação, nos orgulhamos do fato de ela ser um ato político.

Dimenstein – Observando sua trajetória, Cortella, vejo que você fez um caminho contrário ao meu. Você começou na educação e, com sua característica de comunicador interpessoal, entrou para a comunicação de massa. O meu caminho se iniciou com o mundo da comunicação de massa e depois foi incluindo trabalhos na área de educação. Juntando as duas coisas, chegamos à seguinte conclusão: estamos na *era da curadoria*. E, para sobreviver no futuro, tanto na escola quanto na comunicação, cada um de nós vai ter que ser um curador.

Cortella – Grande conceito!

Curadoria do conhecimento

Dimenstein – Educação, comunicação e cidadania são conceitos interligados, e o que pode sintetizá-los é exatamente a noção de curadoria. Como as pessoas estão todas meio perdidas, nós lhes damos uma resposta.

Cortella – *Curar*, em português lusitano, é "pensar". Em português se diz: "Você pode pensar este ferimento para mim?". E pensar é ser capaz de cuidar. A era da curadoria é um momento em que organizamos os nossos espaços de convivência, de vida comum, estruturados em algumas instituições como a escola, os meios de comunicação, em que aquele que é o responsável por coordenar as atividades tem o espírito do curador, isto é, alguém que tem que cuidar para repartir, alguém que precisa proteger e elevar para tornar disponível, para as pessoas que ali estão, seja o conhecimento na escola, seja a informação em relação ao mundo digital. É a atitude de um curador. Não é um guardião porque este retém, não passa adiante; não é um guarda do museu, que não deixa o visitante chegar perto; não é um proprietário, que mantém a obra de arte dentro de casa. O curador não tem a visão de dono de uma propriedade, mas a visão integrante de um condomínio.

Dimenstein – Estamos assistindo a um processo darwinístico da informação. O indivíduo acessa o Google e vem um vendaval de possibilidades de informação. E isso só está aumentando, a atenção está cada vez mais dispersa. Vivemos numa era em que todos são ao mesmo tempo consumidores e produtores de informação.

Reside nesse ponto boa parte da crise da imprensa tradicional: o processo de comunicação gerou novos geradores de notícias. O leitor encara hoje a notícia como se estivesse olhando um caleidoscópio, tantas são as multiplicidades de uma mesma imagem. Afinal, ele recebe a notícia por redes sociais, já comentadas e curtidas. E, por causa dos algoritmos, canais como o Facebook sabem o que o leitor quer. Ou imaginam que quer. O filtro, portanto, foi diminuído. Antes, o jornalista era o sujeito que cantava sozinho no palco diante da plateia. De repente, se viu no meio de um imenso coral. E, pior, com cada um cantando a própria música.

Justamente aí está o fundamento da era da curadoria. Não significa que seja apenas para o jornalismo, mas para a comunicação. Por que *curadoria*? As pessoas vão buscar se informar com pessoas de credibilidade. Pode ser um colunista, mas também um blogueiro que dá aulas em Harvard ou na USP. Se estou com dúvida sobre câncer, certamente melhor do que ler um jornalista que trata de mil assuntos, vou procurar, na internet, a visão de um médico especialista, que seja formado nas melhores faculdades. Portanto, o Google e o Yahoo, por exemplo, são apenas a porta de entrada que vai levar o indivíduo a um grupo de curadores que constitui uma espécie de universidade livre – porque não conseguimos imaginar a universidade do futuro com a sala de aula que existe hoje. Não conseguimos imaginar que o aluno vai chegar à escola e o professor vai lhe passar os conteúdos. Certamente será algo completamente diferente. Tanto que escolas como o MIT e Harvard já estão modificando a sala de aula. E outras novidades se impõem ainda: por que ir para a escola todo dia? Talvez a frequência possa ser reduzida para três ou quatro vezes. E quanto ao horário? Sem dúvida não haverá necessidade de ir sempre naquele horário prefixado. Agora já não conseguimos imaginar um mundo sem os curadores do conhecimento – presenciais ou virtuais. E a escola é essa casa de dúvidas... É preciso que o estudante tenha consciência de que, se quer fazer uma faculdade, como os conhecimentos estão todos disponíveis, ou ele se torna um curador ou não terá chance alguma.

Cortella – Estou imaginando o docente em sala de aula com espírito de curador, portanto, não como aquele que retém o conhecimento, mas como aquele que é capaz de ser formado para a curadoria.

Dimenstein – São os candidatos a curador. Quando pensamos, por exemplo, no Google: qual a força dele? Se alguém busca informações sobre câncer, é só clicar e virá a indicação de dez *sites* a respeito do assunto. "Mas, puxa vida, há 50 verbetes!" Em seguida descobre: "Ah! Aqui tem outra rede social que indica cinco verbetes do que é essencial". Cada vez mais esses buscadores da internet são assim: procuram até encontrar exatamente o que queremos saber.

Para você, Cortella, quem é curador? Quem são as pessoas que lhe parecem curadoras?

Cortella – Ah! Você é um curador, Gilberto. É exatamente o que você faz no seu dia a dia. Cada vez que alguém, por exemplo, torna disponíveis *blogs* e *sites* sobre variados temas, agregando informações e reunindo "ferramentas" de estudo e conhecimento, exerce um dos modos da curadoria.

Dimenstein – Quando você vai a uma rádio, Cortella, também é um curador.

Um exemplo muito atual de curador, para mim, é a Wikipédia. O que ela fez? Criou uma biblioteca que pode não ser a mais perfeita, mas auxilia muito. É novamente a porta de entrada.

O mundo sempre precisou de curadores. A diferença agora é que deparamos com grande quantidade de conhecimento disponível e num prazo excessivamente curto; mesmo assim, não dá para dizer que hoje se vive a era do conhecimento. O que podemos afirmar é que nunca se produziu tanto conhecimento, num prazo tão curto e disseminado de forma tão rápida.

Cortella – Uma pessoa que penso como curador e de quem gosto muito é o **Serginho Groisman**, porque ele é o "tio" que faz um programa de madrugada para jovens; ele leva assuntos e novidades diversos e impede que a anarquia, a má anarquia, venha à tona. Mas o que ele essencialmente diz é: "*Fala*, garoto", e não: "*Cala*, garoto".

Dimenstein – Considero **Fernando Henrique Cardoso** um bom curador hoje no Brasil. É uma pessoa que se posiciona: "Vou dizer o que é importante" – e as pessoas prestam atenção. Quantos são assim? Penso também que o **Bill Gates**, quando resolveu criar a sua fundação, passou a ser um grande curador.

Cortella – Gravei certa vez entrevista para um programa de televisão falando sobre intolerância, sobre a questão do ódio no momento atual. Nessa ocasião, mencionei pessoas que penso que fazem falta. Imaginei se houvesse a possibilidade de reunir o Fernando Henrique e o **Lula** para um diálogo, e também, à volta deles, **Mário Covas**, **Franco Montoro**, **Leonel Brizola**, **Ulysses Guimarães**, **Paulo Brossard**, **Teotônio Vilela**. E ainda **Florestan Fernandes**, **Darcy Ribeiro**, Paulo Freire... Do ponto de vista político, claro, não eram todos idênticos.

Dimenstein – Mas eram curadores.

Cortella – Sim. Gostaria de que fosse possível juntá-los todos para dialogar. Não é casual que alguns países coloquem os ex-presidentes como senadores. Se observarmos bem, quando surge uma crise nos Estados Unidos, os ex-presidentes estão lá: **Jimmy Carter**, o **Bush** pai, o pequeno **Bush**, **Bill Clinton**... Mas não somos uma República com espírito republicano, e sim uma República monarquista.

Dimenstein – Você chegou ao ponto-chave: a crise política brasileira é uma crise de curadores. Porque quando havia uma crise política no Brasil – e eu fiquei em Brasília durante 13 anos, pude assistir a tudo bem de perto –, existia um grupo de curadores, que eram poucos, que se sentava a uma mesa e avisava: "Pessoal, esse caldo vai entornar". Hoje é o **Eduardo Cunha** com o **Renan Calheiros**. Se considerarmos **Aécio Neves** lado a lado com o avô, não há comparação. Portanto, a prosperidade depende de poder contar com essa constelação de curadores que vai dizer: "O relevante é isto".

Cortella – Vejo que o primeiro trimestre de 2015 foi o momento da incomunicação. As pessoas não ouvem, e quem ouve, o faz pela metade; aliás, quem fala, não fala por inteiro. Essa incapacidade de comunicação é visível. Cada vez que alguém do governo aparece para se pronunciar, as pessoas saem da frente da TV e vão bater panela... Não é o protesto que me preocupa, pelo contrário, isso é bonito; mas elas não estão ouvindo para poder contrapor. Essa ruptura, esse estilhaçamento da comunicação é preocupante porque, se a pessoa não comunica, como é que se compreende, objeta, enfrenta, debate e, por fim, convive?

Dimenstein – Os curadores fazem que as pessoas pensem alguma coisa sobre a qual não queriam pensar. Os curadores têm esse dom. E acho que a imprensa também tem o papel de curador. O meio de comunicação vive o vício do populismo político, ou seja, "vou falar o que o meu leitor quer, senão perco *like*, perco fama". O curador de verdade precisa ter a coragem de se desgastar. Recentemente, o Fernando Henrique disse uma coisa que achei muito interessante: "Eu perdi popularidade, mas não a credibilidade". Esse é o papel do curador.

Se verificarmos a história do Brasil ou do mundo, veremos que houve pessoas que foram curadoras do planeta. Todas elas se caracterizam pela postura "eu fui contra o senso comum", e aí se encaixam **Galileu** e **Giordano Bruno**, entre outros. Naquele momento, o sujeito ficou sozinho; por exemplo, **Oswaldo Cruz**, quando assumiu a campanha de vacinação contra a varíola. Portanto, o mundo reconhece os curadores. Aquele sujeito que andava com andrajos em Londres era **Gandhi**. Aquele homem que cruzou a ponte em Selma era **Luther King**. Pessoas que ficaram contra tudo e contra todos e que, em algum momento, foram reconhecidas: "Aquele cara foi um curador daquele período". **Espinosa** não foi um curador?

Cortella – Sim, e também **Sócrates**, Jesus de Nazaré.

Dimenstein – Foram pessoas que você distingue na história da humanidade. **Mandela** foi curador de uma nação inteira. Luther King e Mandela foram síntese: em cada um deles se resume a essência do que é relevante. Luther King era tão forte, tão poderoso, que acabou sendo assassinado.

Cortella – Matam um homem, mas nunca uma ideia.

Dimenstein – Na história da Inglaterra, dos Estados Unidos, da Alemanha, da França, tivemos nomes que sintetizaram a essência do relevante, como **De Gaulle** na Resistência Francesa.

O que quero dizer é que o curador sempre existiu. Agora, ele tem que atuar em tempo real, precisa estar sempre presente, porque ele possui muita informação. Se observarmos os conhecimentos fornecidos pela internet – matemática, química, física... –, vamos perceber que eles mudam a cada meia hora. É por isso que o curador tem que estar lá. Do contrário, como é possível ter educação para o resto da vida em tempo integral? Não é escola integral: é educação integral. Hoje, as pessoas vivem a educação 24 horas. A escola em tempo integral é a do século passado. O que vigora hoje é a educação em tempo integral, ou seja, aprendemos do momento em que acordamos até a hora em que vamos dormir. Ouvi de um professor de Harvard uma frase, que só depois descobri que não era só dele: "O que me angustia não é saber o que não sei. É não saber o que não sei". Achei isso o máximo.

Cortella – Clarice Lispector escreveu: "Aquilo que desconheço é minha melhor parte", isto é, o melhor de mim é aquilo que ainda não sei. Porque aquilo que ainda não sei é minha possibilidade de renovação. Quando se consegue capturar as pessoas com esse espírito de que o desconhecimento produz uma angústia que pode levar a uma atitude em vez de conduzir à passividade, é outro polo.

Dimenstein – Os museus trazem a ideia da curadoria, porque o curador seleciona uma fase da produção criativa mundial de acordo com o seguinte pensamento: "Isto aqui é o essencial". E quem vai ao museu, vai para ver a curadoria; entra-se no MoMA, no Louvre para ver a curadoria. Só que o museu estava parado, hoje em dia é necessário ter os pequenos curadores.

O que foi o museu da Semana de 22 a que até hoje fazemos referência? Na história da humanidade, os curadores da arte moderna, da música, do *jazz*, assim como algumas universidades, como o MIT, Harvard, todos eles sempre foram curadores do conhecimento. E o mundo prospera com isso. Por exemplo, a Universidade São Francisco, em São Paulo: tendo gerado um terço do poder do Brasil por muito tempo, foi curadora da inteligência.

Essa ideia que está na história da humanidade, da importância dos curadores, trazemos para o mundo virtual num outro eixo. Só que, agora, o curador se faz presente o tempo todo, em horário integral.

Cidadania, comunicação e educação:
Eixo indissociável

Dimenstein – Queria voltar um pouquinho para o tema da fertilidade à qual você se referiu, Cortella, e contar um fato que só fui entender muito tempo depois sobre a fertilidade da comunicação.

Tanto na mitologia grega quanto na mitologia romana existe um deus do comércio. É Hermes na mitologia grega e Mercúrio na mitologia romana. Ambos são representados com uma asinha no pé. O que me chamava a atenção, e inicialmente eu não entendia, é por que razão eles também eram os deuses da comunicação. Pois o que tem a ver comércio com comunicação? Ora, para comercializar e gerar riqueza, é necessário estabelecer pontes de comunicação entre as pessoas – já visualizamos, aqui, a questão da cidadania. Quem comunicava era quem gerava riqueza, e quem gerava riqueza tinha que se comunicar. Assim, podemos perceber que cidadania e comunicação caminham juntas.

Hoje, fala-se muito em rede social, Facebook, WhatsApp e outros inúmeros aplicativos. É uma verdadeira revolução! Na verdade, a grande rede social da história da humanidade – e que é a mais importante de todas – são as cidades. Por que as cidades? Porque elas são o lugar onde as pessoas se comunicam.

E quanto mais uma cidade é evoluída, mais ela transforma essa comunicação, essa interação em inovações. Se considerarmos as grandes cidades do planeta na história da humanidade – Nova York, Roma, Viena, Paris, Frankfurt, Atenas –, o que elas são? São lugares que, antes de qualquer outra coisa, manifestam uma extrema inovação e uma extrema criatividade, que vemos com clareza nas artes e nas ciências. Só são fulgurantes as cidades que possuem e valorizam as artes. Não existe na humanidade um caso em que seja considerada maravilhosa uma cidade cuja produção artística é ruim. Geralmente, uma boa produção artística está no mesmo contexto de uma também boa produção científica. O que acontece aqui? O que a cidade faz? Como a cidade trabalha a questão da diversidade e da interação? Isso significa a base que favorece e possibilita a inovação. Não existe inovação que seja isolada. Inovação pressupõe um grupo de atores. Como se fossem espermatozoides, eles vão competindo, vão interagindo para ver quem chega à fertilidade. O poder da atração das cidades é o poder da atração da comunicação. As pessoas dizem: "Agora posso morar no interior da África que mesmo assim vou saber de tudo, porque tenho acesso à internet". Mas por que elas querem continuar em Nova York, por que querem estar em São Paulo, em Paris, por que querem estar em Harvard, no MIT? Porque nesses lugares existe interação com a diversidade que gera inovação.

  Como você vê, Cortella, a ideia de que "no princípio era o verbo" é definidora de nossa conversa. E, se não me engano

– e você vai logo me corrigir –, a palavra *princípio*, na raiz grega, significa "fundamento". Ou seja, o fundamento da vida é o verbo. E se tomamos a *Bíblia*, ela toda é a ideia de um ente criando o mundo pela comunicação.

Cortella – Tanto que dá um trocadilho, Gilberto, no nosso dia a dia: comunic*ação*, particip*ação*, educ*ação*. Há vários grupos pelo país afora que usam esta terminação ativa – *ação* – como o espírito do vocábulo, isto é, a comunicação tem como finalidade a prática, a educação. Outros brincam que isso produz *dor*, porque, na educação, temos o educa*dor*, o apaga*dor*, o transferi*dor*...

Acho ótima essa ideia que você está explorando da comunicação como recusa ao isolamento. Vemos que algumas pessoas tentam, mas não conseguem trabalhar em casa, porque não há comunicação. Elas até entram em contato com outras pessoas, mas não se comunicam de fato. O local de trabalho, a cidade, a praça, a feira é onde aprendemos, ensinamos, nos relacionamos; o isolamento não leva a essa condição. Não é casual, Gilberto, que você tenha citado várias cidades que são portos. Porque a cidade portuária é local de comunicação, é ali que se encontra o novo. Não é casual que o Rio de Janeiro gere o novo: o Cinema Novo, a bossa nova, a gíria.... O porto é o lugar do comércio. Hermes não é só o deus do comércio, é o deus da interpretação, de cujo nome deriva o termo *hermenêutica*. Dizemos que, quando algo está fechado, está hermético, e quando abrimos, enxergamos. Comunicar é ser capaz de esclarecer.

Dimenstein – Comunicar é verbo transitivo: comunica-se algo para alguém. O que acontece num regime autoritário? Qual é uma das primeiras coisas que ele tenta fazer? É evitar o sistema de comunicação. E por que os grandes inimigos, em geral, de sistemas autoritários são as grandes cidades? Quando pensamos nas grandes resistências contra regimes autoritários, lembramos logo de Paris. Era lá que elas se formavam. Lembramos também de São Paulo, do Rio de Janeiro... Porque o sistema de comunicação está ligado, tal qual a educação, como você disse, Cortella, à questão da fertilidade. Quando se quer proibir alguma coisa, o que se diz é: "Vamos matar a ideia do princípio, o verbo". Daí vemos com muita clareza que a cidadania, a comunicação, a educação são um eixo indissociável. O que é a ágora, na verdade, senão o processo de comunicação em que se misturam a cidade, a cidadania e também o processo educativo?

Cortella – A ágora, a grande praça, é o lugar do encontro, assim como a educação, a comunicação, a cidadania são modos de encontro. O que conseguimos hoje com as plataformas digitais foi multiplicar as praças, as ágoras e, ao mesmo tempo, dar presença a quem não teria como nelas estar. Quer dizer, nós criamos um grande espaço, um grande território.

Na ditadura mais recente no Brasil, eu me lembro de que uma das ações que impediam a prática da cidadania era bloquear a concentração de pessoas. Quando estávamos na praça da Sé ou na avenida Paulista, e éramos mais de três pessoas, a polícia já considerava aquilo uma aglomeração e chegava dizendo: "Vamos dispersando...". A palavra era "dispersar" mesmo, no sentido de não se concentrar. Quem concentra, dialoga, comunica; e, se comunica, pode agir. Portanto, esse abafamento da concentração não é casual, e, como você lembrou, Gilberto, a ideia da praça é ser o lugar em que as pessoas podem, de fato, se comunicar. Se observarmos o Brasil dos últimos três anos, podemos verificar que as manifestações de rua aconteceram pelas mais variadas razões, e, mais do que tudo, a avenida Paulista virou uma grande praça na qual as pessoas se reúnem para contar, chorar, reclamar, gritar, propor. Isto é, nós nos comunicamos. Porque, embora o bater de panelas em algumas situações e em vários países, inclusive no Brasil, seja ruidoso, ele é um tipo de comunicação simiesca. Os símios também fazem isso, eles batem no peito para avisar que estão no meio da floresta. O panelaço é a convocação para a comunicação. Mas ele não é comunicação *stricto sensu* ainda porque é muito individual. E é por isso que, quando você falava, me dei conta de que as cidades são as veredas do grande sertão, para lembrar **Guimarães Rosa**. Se olharmos o mundo como um grande sertão, a cidade é o lugar onde a gente se junta. Como somos animais gregários, essa ideia de se agregar dá força.

Já li alguns estudos de antropologia cultural nos quais se levanta a hipótese de que criamos as cidades não porque somos sedentários, mas porque queremos ficar ao lado de nossos mortos. Isto é, como não queremos abandonar aqueles que nos geraram, nós resolvemos ficar perto do local onde estão sepultados. Porque nossa ideia de comunicação é tão forte que ela não se restringe aos vivos. Em algumas religiões orientais, como o xintoísmo, por exemplo, a comunicação com os mortos é uma prática. Se observarmos as religiões reencarnacionistas, a comunicação com os mortos é decisiva. E eu tenho uma hipótese com relação ao judaísmo: ele bloqueou a ideia de comunicação com os mortos, considerando-a um pecado – conceito que depois o cristianismo adotou –, porque, como o povo tinha que caminhar em direção à Terra Prometida, não podia se fixar. Essa não é uma hipótese descartável, portanto.

Com relação à ideia da fertilidade, você acha que a comunicação hoje é mais fértil do que já tivemos em tempos anteriores?

Dimenstein – Bem, antes de qualquer outra coisa, creio que nunca a comunicação foi tão importante na história dos indivíduos. Hoje se criou a figura do que chamo de *cidadão comunicante*. O que é o cidadão comunicante? Antes, as pessoas que queriam se comunicar só falavam e não publicavam. Para alguém publicar alguma coisa, um livro, por exemplo, era um trabalho enorme! Eu via o esforço heroico daqueles jornaizinhos de esquerda, no tempo da ditadura, que resistiam dois ou três anos e depois acabavam. Agora, o sucesso chega num estalar de dedos. Qualquer garoto tem um *blog*, um *site*. Por exemplo, o Catraca Livre tem 30 milhões de usuários únicos. E funciona num cantinho da Vila Madalena, com blogueiros, com pessoas que se comunicam pelo WhatsApp. É enorme a dimensão dos cidadãos comunicantes e também das empresas comunicantes. Hoje, tudo é comunicante. E o que podemos destacar como uma das coisas mais importantes do mundo atual é a queda da intermediação da informação. Antigamente, alguém chegava e dizia: "Pessoal, o importante é isto". Agora não se consegue fazer isso, porque o que é importante passa por uma série de mãos.

A questão da fertilidade está ligada a um outro ponto, que é saber como a pessoa usa a informação. Isso não mudou. A relevância da informação não mudou. Mas, de posse de uma informação, sabemos usá-la bem? Por exemplo, a **Angelina Jolie** decidiu retirar os seios e, depois, os ovários para prevenção do câncer. Essa é uma informação. Para ser relevante de verdade, é necessário explicar como o câncer se desenvolve no sistema reprodutivo da mulher e o que se pode fazer a respeito disso. É por isso, Cortella, que afirmo que a relevância da informação no mundo contemporâneo vai depender da união da informação com o contexto para que haja a fertilidade. Esse é o ponto.

Cortella – É o que Paulo Freire chama de *leitura do mundo* – fazer a leitura do mundo como a leitura da palavra.

Dimenstein – Estamos revendo aqui muitos dos princípios da comunicação e da educação. Não se consegue educar sem comunicar; mesmo que se pretendesse ensinar por transmissão de pensamento, ainda assim se estaria usando algum sistema de comunicação.

Tenho repetido algumas vezes uma passagem de um texto seu que me chamou muito a atenção, Cortella. Você relata como se estabeleceu o tempo de 45 minutos para a duração de uma aula. Foi feita uma pesquisa cujo objetivo era verificar quanto tempo uma pessoa – criança, jovem, adulto – conseguia se manter atenta em uma sala de aula. Depois de testarem 10 minutos, 30 minutos, concluíram que o tempo máximo era 45 minutos. Mais tarde, psicólogos refizeram a pesquisa e verificaram que o tempo hoje se reduziu a sete minutos, seis minutos e está caindo para três minutos.

Cortella – Esse é o tempo que a pessoa consegue manter a atenção sem perder o nível de concentração.

Dimenstein – E para haver aprendizagem é fundamental que se estimule a concentração. O que a internet faz? As redes sociais dispersam a concentração, e talvez seja esse um novo tipo de concentração. Alguns cientistas já afirmam que é mais fácil aprender no estilo internet, pois para haver concentração, é preciso fazer esforço. A dispersão vai se infiltrando; em algum momento, será necessário focar para não se perder.

Veja o que a questão da fertilidade vai colocando: como lidar hoje com um leitor ou com um estudante que está conectado 24 horas por dia? Como lidar com esse indivíduo que aprendeu que a ideia de comunicar é semelhante à ideia de compartilhar, e que comunicar e compartilhar é quase uma coisa só? Até então, o que acontecia na comunicação? Não existia o compartilhar, mas apenas o comunicar verbal, o boca a boca. Agora não, eu posso interferir, posso fazer o meu comentário, posso reconstruir aquele pensamento.

Credibilidade e crítica

Dimenstein – O jovem de hoje está o tempo todo conectado, compartilhando e gerando, de alguma forma, um tipo de contexto que pode ser legal ou não. Quando ele vai para a escola, muitas vezes o que ocorre é o contrário. O que mudou na escola? Quase nada! De modo geral, temos o professor de um lado, os alunos do outro, e o livro como base. É claro que estou exagerando, mas esse sistema não mudou. Tanto que as escolas falam em impedir o uso do celular na sala de aula. Não sei se você vai achar muito infantil o que vou afirmar, Cortella, mas vivemos numa época em que as pessoas sequer sabem usar um livro. Por exemplo, ao aplicar uma prova, o que normalmente o professor diz aos alunos? "Vamos fazer a prova, agora fechem o livro." Acho tão ridículo isso! Por que fechar o livro? O ideal seria que o aluno ficasse livre para consultá-lo. Mas ele não sabe sequer usar um livro em sala de aula! Se ele consegue fazer a prova usando o livro, podemos concluir que ela não presta. Se ele, ao abrir o livro, encontra as respostas, é porque a prova está malformulada. A prova boa é aquela que expõe várias referências e, a partir delas, por meio de uma leitura crítica, o aluno vai ter um pensamento original.

Eu adoro jornal de papel. Quando não existir mais, espero não estar aqui, porque para mim ele é essencial. O que me provoca é o seguinte: cada vez mais o jornal se distancia um pouco dos leitores e, por isso, o tempo todo os está perdendo – o jornal em si, porque a notícia não perde leitor. Você já viu como o jornal é entregue em casa? Um dia, eram 4:30 ou 5:00 da manhã, eu estava sem dormir, trabalhando, e ouvi o barulho de uma Kombi... Era mesmo uma Kombi com três pessoas – me lembrou aquele filme *2001: Uma odisseia no espaço** – jogando os jornais. Conforme a Kombi ia embora, pensei na dificuldade de entregar jornais, revistas, esse produto material, enfim. Se o meu negócio depender disso, não vai prosperar. E acho que a escola vai continuamente se distanciando dos estudantes, porque cada vez mais eles estão no tempo real e a escola não, além do fato de que ela não sabe traduzir os currículos do passado para o presente. É claro que não se pode seguir o tempo real o tempo todo. Mas também é claro que, se não se trouxer o tempo real para os currículos passados, perde-se uma conexão – e nesse momento, quando o indivíduo não consegue conectar a informação com o seu cotidiano, não há fertilidade. Se eu não transformar a notícia sobre a Angelina Jolie, ou a discussão do *impeachment*, num debate, não há fertilidade. Mas, quando afirmo: "Eu conheço a história do Brasil. Eu vi o que funciona e o que não funciona. Eu sei quem foi **Getúlio Vargas**, quem foi **Jânio Quadros**, quem foi **Collor**. Eu sei o que acontece quando o presidente

---

* Direção de Stanley Kubrick, 1968. (N.E.)

perde apoio no Congresso", isso é fertilidade, pois consigo trazer a informação para o contexto da minha vida.

Cortella – O inverso de fertilidade é esterilidade. Há uma informação estéril, há um espaço pedagógico estéril, há uma comunicação estéril, que é aquela que não gera a capacidade de elevação em relação ao que já se tinha. Porque educar é tirar o indivíduo de um lugar e levar para outro. A própria palavra significa isso. Quando uma comunicação, uma estrutura de informação mantém o indivíduo onde ele já estava, ela esteriliza, não fertiliza. Fertilizar é gerar aquilo que é novo, portanto aquilo que eleva. Aquilo que interrompe é exatamente o falecimento das condições.

Eu não tenho um encanto tão forte em relação a uma parcela da tecnologia, porque ela coloca para mim uma questão séria como pesquisador. Há uma restrição hoje dos mecanismos de credibilidade informacional. Isto é, antes havia uma restrição maior a quem comunicava, por onde passava. Cada editora, por exemplo, contava com um conselho que avaliava o livro a ser publicado; existia, portanto, uma clivagem que era um pouco mais sólida. O meu argumento – atenção! – não é contra esse tipo de tsunami informacional que temos hoje; é apenas uma tensão em relação à credibilidade. Para mim, é como a cheia do Nilo. O Nilo, para ser fértil, de vez em quando tem que inundar. Dessa sua inundação toda sai o que há de melhor em termos de produção agrícola. Se o Nilo sempre ficasse só naquela beirinha, isso não ocorreria. O que quero dizer com isso? Dessa profusão informacional, pode-se coletar muita coisa, e sem dúvida essa abertura é preferível a um modo restritivo.

Dimenstein – Concordo com você em parte. Não se tem cidadania completa sem informação livre – isso já sabemos. Não existe cidadania completa se não houver educação. A cidadania implica a liberdade de escolha. Se o indivíduo não tiver essa oportunidade de escolher e optar, a cidadania, por definição, estará atrofiada, não poderá ser exercida. É o mesmo que enjaular a pessoa. Quando se faz isso, o que se está dizendo a ela é o seguinte: "Você não tem a possibilidade de optar, você está presa. Você pode até optar mentalmente, mas agora está presa". É por isso, Cortella, que, a meu ver, nessa nova era de que estamos falando, não podemos, no processo de comunicação, abrir mão de uma habilidade, pois, na verdade, a função da educação não é levar o aluno a decorar informações ou conhecimentos, mas sim a desenvolver habilidades. O professor ensina alguém a tocar piano não para que o aluno fique *aprendendo* a tocar piano, mas para que ele efetivamente toque piano. A função final do indivíduo é ser médico, é ser advogado, é apreciar um filme, ouvir uma ópera...

Uma habilidade que considero indispensável nas escolas e que vai garantir ao aluno sua empregabilidade, sua cidadania, é uma leitura crítica da mídia. Por que falo nisso? Porque, se o indivíduo não souber ler as informações criticamente, sua capacidade de agir estará comprometida. Então, se analisarmos um programa eleitoral e não soubermos ler criticamente o que aquele candidato falou, se não soubermos sequer entender o que é uma porcentagem para constatar o que melhorou e o que piorou, se não soubermos fazer um cálculo simples de juros compostos para entender o que significa inflação, se não compreendermos alguns conceitos históricos, se não captarmos esse jogo, se não conseguirmos separar o tijolo da casa – porque o tijolo não faz a casa; o que faz a casa é a inteligência que empregamos no projeto e na construção –, nossa cidadania estará comprometida. É por isso que a ideia da leitura crítica da comunicação é uma habilidade que tem que ser trabalhada, a começar pela escola. Ou seja: "Vamos ler esta notícia do jornal, vamos ler esta notícia da internet, vamos ver tal programa da televisão. O que isso diz a respeito de você e quais são os vários ângulos que essa notícia poderia ter?". Uma coisa de que eu gostava nos Estados Unidos, quando morei lá, era como eles ensinavam o aluno a defender um argumento numa sala de aula e depois levavam essa mesma criança a desmontar o argumento que antes havia defendido.

Cortella – Ainda fazem isso até hoje. É o júri simulado.

Dimenstein – Vemos, portanto, que a comunicação pode ser manipulada. Podemos ter alguém como guia, mas o que se faz é repetir uma mentira até que ela se torne verdade.

Os regimes totalitários amam a comunicação porque sabem que ela tem poder. Eu me lembro de um diálogo bem interessante na Rússia stalinista, em que o poeta reclamou: "Vocês não respeitam a poesia". E a resposta surpreendente: "Nós respeitamos muito a poesia e é por isso que a gente prende vocês. Achamos a poesia tão importante, é uma metáfora que tem um poder de mobilização tão extraordinário, que a gente prende vocês".

Cortella – Você trouxe um tema fortíssimo nessa relação que é a ideia de crítica. A ideia de criticar é separar. A palavra veio da agricultura. Crítica, *criterion* em grego, é quando se separa o feijão da pedra, o arroz da palha, o trigo da sujeira. Portanto, criticar é selecionar. Para selecionar, é necessário ter critérios.

Uma das medidas decisivas que a educação escolar deve tomar hoje é ajudar o aluno a ter critérios de seleção: seleção para a informação, seleção para o trabalho, seleção para aquilo que ele digere no dia a dia. E penso que um dos valores mais fortes – que é até cartesiano – a ser reintroduzido no trabalho pedagógico é a dúvida, isto é, a suspeita (para não usar a ideia de dúvida cartesiana clássica, a percepção de suspeita).

Sou professor há 40 anos. Um dos meus procedimentos para promover um debate sobre o que seria a crítica é algo banal, mas que tem uma eficácia imensa. Eu carrego mentalmente um ponto de interrogação bem grande que posso tanto desenhar na lousa quanto fazer os alunos imaginarem. E o que é um pensamento que tenha um ponto de partida crítico? Ele não é necessariamente crítico na chegada, mas na partida sim. É quando suspeitamos daquilo que é uma afirmação peremptória. A ciência, a arte, a filosofia e a religião avançam com a dúvida, não com a certeza. A certeza reiterativa nos deixa onde já estamos; é a dúvida que nos faz balançar e avançar. O que eu faço, então? Pego um exemplo comum, como uma frase de bar – "As melhores esfirras de São Paulo" –, e coloco a interrogação. Ou: "O livro que abalou Nova York" – e, na sequência, vem o ponto de interrogação.

Dimenstein – Ou: "A maior empresa da América Latina". Então: "A maior empresa da América Latina?".

Cortella – Exatamente. "Maior nível de sustentabilidade que se pode ter" – interrogação. Essa sugestão é do gibi do Gato Félix, personagem que se ancorava no ponto de interrogação. Nesse desenho antigo, como o Gato Félix não falava, quando estava pensando aparecia um ponto de interrogação na cabeça e ele o segurava.

Essa ideia de suspeitar não é a suspeita pela ofensa nem pela mera descrença; é a suspeita crítica. O que é a suspeita crítica? Eu, por exemplo, não tenho dúvida de acessar as plataformas digitais. Aliás, elas potencializaram intensamente minha produção: antes da internet, eu tinha cinco livros; hoje tenho 25. Mas por quê? Porque ganhei tempo. Esse ganho me levou a economizar tempo para pesquisar, para trocar ideias com a editora, para conversar com colegas, para buscar com outra pessoa algum dado que ela conheça e eu não. Coisas que antes me tomavam um tempo imenso ganharam uma economia.

Dimenstein – O que sei hoje de medicina – por exemplo, o que é tuberculose, o que são os vários tipos de doença – ultrapassa em muito o que as pessoas conseguiam saber no passado.

Cortella – Mas aí volto à credibilidade. Por exemplo, acesso o Google para olhar o resultado de um exame, ou para pesquisar informações sobre conjuntivite. Descubro que existe conjuntivite viral, conjuntivite bacteriana, conjuntivite provocada por dermatite de contato... E, conforme o tipo de infecção, a recomendação é usar um ou outro colírio, tantas vezes ao dia. Meu nível de informação até aí basta porque é o ponto de chegada, mas não tem credibilidade. Nós encontramos todos os dias, nas plataformas digitais, informações disparatadas que não correspondem à realidade. Se já sabemos algo a respeito do assunto, refletimos e descartamos. Eu sou originalmente da área de filosofia; às vezes leio coisas que escrevem sobre alguns filósofos que nem os próprios filósofos imaginaram. Por isso só há uma possibilidade: entrecruzar as informações. Isto é, suspeitar sempre das informações propostas, utilizando metodicamente a capacidade de pensamento crítico.

Dimenstein – Vou fazer um parêntese aqui só para relatar um fato interessante. **James Reston** foi um jornalista muito importante nos Estados Unidos, grande nome do *Washington Post*. Para você ter uma ideia, graças a ele, a acupuntura foi para o Ocidente. Quando estava acompanhando a viagem do então presidente **Nixon**, teve uma crise de apendicite e precisou se submeter a uma cirurgia na China. Na operação foi utilizada a acupuntura como anestesia, e aí o mundo todo tomou conhecimento desse fato – para você avaliar a importância de Reston. E ele dizia assim: "Quando você tiver de escrever sobre um assunto especializado, escolha o melhor jornalista para fazê-lo. Sempre vai existir um sujeito que sabe mais sobre isso, que vai lhe mandar uma carta, e toda a informação do jornal vai ficar sob suspeita".

O que você está afirmando, Cortella – e a conversa está tomando um caminho muito interessante –, é que cidadania sem crítica não é cidadania, assim como agricultura sem água não é fértil. Talvez a crítica seja o Nilo da cidadania. É necessário que haja crítica na cidadania, e é nesse ponto que educação e comunicação se juntam.

Cortella – Eu queria ressaltar que a ideia de cidadania para nós no Brasil difere muito do conceito que outros países têm. A palavra *cidadania*, traduzida para o inglês, não faz sentido, mesmo que se use o termo *citizenship*. Interessante porque, quando você diz que cidadania sem comunicação não é cidadania, essa é a visão da cidadania norte-americana, isto é, de alguém que é cidadão, de alguém com direitos e deveres legais.

Nosso conceito de cidadania no Brasil é muito mais extenso; ele não implica alguém que possa votar e ser votado ou que pague impostos e receba serviços, mas sim alguém que tenha uma presença ativa dentro da sociedade. Tanto que, quando você escreveu *O cidadão de papel*,* não estava falando só de alguém que não recebe serviços do governo, mas principalmente de alguém que não participa no dia a dia, que não tem ambição. Portanto, nós precisamos dar uma relevância a essa brasilidade. Nosso conceito de cidadania é mais ligado ao campo da política no sentido grego mesmo de *polis*, que uso no livro *Política: Para não ser idiota*,** do que ao da mera participação como indivíduo.

Dimenstein – Você tem uma frase, Cortella, que ouvi numa palestra sua e que achei genial. Toda vez que há um problema no Brasil, a primeira frase é: "Alguém tem que fazer alguma coisa". É o que chamo de *terceirização da cidadania*, porque é sempre "alguém" que vai ter que fazer alguma coisa pelo outro. Por exemplo, a pessoa vota num determinado candidato, que se revela depois um delinquente.

---

* Gilberto Dimenstein. *O cidadão de papel*. São Paulo: Ática, 2001. (N.E.)
** Mario Sergio Cortella e Renato Janine Ribeiro. *Política: Para não ser idiota*. Campinas: Papirus 7 Mares, 2010. (N.E.)

Ela pensa: "Alguém vai ter que dar um jeito nisso". Temos uma terceirização da cidadania no Brasil e isso é grave. Ou seja, o indivíduo não é protagonista; é uma criança que está lá para ser alimentada por alguém que vai salvá-la quando precisar. Acho que esse nosso conceito de cidadania é mais interessante por causa do seguinte: a cidadania é determinada pelo grau de protagonismo que o indivíduo tem na sua vida e na sua comunidade. Então, se ele não consegue se expressar, basicamente, sua cidadania é morta.

Você disse que talvez a humanidade esteja muito mais na dúvida do que na crença. E este é o papel da comunicação e da cidadania: trabalhar com a dúvida o tempo todo – "Será que aquela passeata contra a **Dilma** foi correta?"; ou "Será que a Dilma está errada?".

Cortella – Esse é o pensamento, o caldo crítico.

Dimenstein – O caldo crítico a que a curadoria vai levar o aluno, ou o cidadão. Se eu precisar saber de filosofia, vou acessar o seu *site*, Cortella. Ou, então, lhe proponho: "Quero comprar uma palestra sua". Por que os palestrantes são bem-remunerados? O palestrante é o único profissional que ganha muito dinheiro em pouco tempo e ainda é aplaudido. Não existe nenhuma outra situação semelhante! Um traficante, por exemplo, pode até ganhar muito dinheiro de forma rápida, mas, claro, não deve ser aplaudido.

Cortella – Essa nossa atividade de palestrante ou conferencista é relevante e admirada, tanto que muita gente aspira a ela.

Dimenstein – Por que as pessoas simplesmente não projetam uma gravação minha ou sua num telão? Porque não haveria interação.

Veja que interessante, hoje o que mais faz sucesso na internet são as listas: "As dez técnicas para a mulher ter orgasmos múltiplos"; ou "As cinco coisas que fazem as pessoas bem-sucedidas", "Vinte passos que você precisa seguir para saber se maquiar". Existem até *sites* especializados em listas! Um dos mais importantes deles, pode não ser o melhor, chama-se BuzzFeed. A lista tem apelo, porque as pessoas estão com uma ânsia enorme de saber de maneira rápida e confiável, e, diante de tanta informação, elas se sentem inseguras e confusas... Faço até um desafio a você, Cortella. Se eu escrever um *post* assim: "Dez pontos fundamentais que você precisa saber sobre filosofia", e indicar seu *blog*, você vai ter um grande número de visitantes. Eu sei que é uma simplificação, mas a lista traz algo já formatado: "Aqui estão dez pontos básicos que você precisa conhecer sobre o assunto". Nesta época em que deparamos com uma quantidade enorme de informação, precisamos de curadores do conhecimento que nos apontem caminhos seguros; sem dúvida estamos na era da curadoria.

Aprender em tempo real e pelo resto da vida

Dimenstein – Nesta nova era da comunicação, não é possível abrir mão dos conceitos da educação para comunicar nem dos conceitos da comunicação para educar. Porque educação e comunicação estão se tornando uma coisa só, uma pressupõe a outra. Quanto ao excesso de informação e ao excesso de confusão, as pessoas têm que entender esse universo, têm que aprender a lidar com ele. Em tudo isso, houve uma coisa que não mudou: o fato de que as pessoas têm que tomar decisões. Quem pretende comprar um batom, um relógio, um carro, ou quem vai ao oncologista... tem que tomar uma decisão. Para isso, a pessoa precisa de várias informações e tem que escolher entre elas. Então ela vai se ligar a meios de comunicação que são relevantes, com informações pertinentes.

O que nos faz acreditar no meio de comunicação é o fato de ele ser relevante ou não em nossa vida. Se ele não for relevante, não vamos considerá-lo. Pode-se questionar: o tema "celebridades" é relevante? Bem, para mim não, mas para muita gente é. Para muitas pessoas, saber que biquíni a **Gisele Bündchen** está usando é uma questão importante, para outras não. Ou seja, no momento em que juntamos comunicação com educação, estamos expressando o seguinte: "Quero fazer uma coisa que seja relevante na vida desse indivíduo".

Essa é a razão da minha angústia entre ser comunicador e educador, entre a pessoa que mistura o ativismo comunitário com a crença de que existe um poder divino da palavra. No final, é isto que me orienta: eu acredito que a palavra tem um poder divino. Acho que a palavra reproduz a ideia da divindade, porque a palavra cura, como a psicanálise já mostrou; a palavra faz revoluções... e a palavra também é diabólica. O poder da palavra é diabólico. Cabe-nos saber como usar essas duas linguagens para maximizar o poder de mutação que é próprio da educação. E isso é definido como divino. Um dos motores da cidadania é a junção da educação com a comunicação, porque nunca na história da humanidade existiu tanta gente com tanto acesso à informação.

Cortella – Você diria que o jornalismo está em crise?

Dimenstein – Não, eu não diria isso. O que está em crise é o financiamento do jornalismo. Porque nunca tantos jovens leram tantas notícias. A diferença é que quem entrega a notícia não é o jornal, mas algo chamado Facebook, ou uma ferramenta chamada WhatsApp. Antigamente, a pessoa ia à banca de jornal – houve um tempo em que as pessoas compravam jornais, revistas na banca de jornal... – e, chegando lá, o jornaleiro, o seu Zé, perguntava: "Quer comprar o quê?". "Quero comprar esta revista." "Muito bem. Eu vou deixar você ler só uma notícia." "Mas como?" "Eu vou escolher qual notícia você vai ler. Você não vai ler toda a revista." Mal comparando, a vida social é assim. Temos um Facebook ali inteiro e vamos ler uma notícia. O jornalista perdeu, portanto, o papel da interpretação da informação que antes lhe cabia. E há cada vez mais pessoas produzindo conteúdo hoje. Quando estudamos história da comunicação, verificamos que houve um tempo em que existia o "cara da matraca", palavra que significa *martelo*.

Cortella – Sim. O sujeito vinha com uma peça de madeira e um ferro batendo para produzir ruído, chamar a atenção para alguma coisa. Você sabia que a matraca era uma ferramenta religiosa, Gilberto?

Dimenstein – Não, não sabia...

Cortella – Como não podia haver ruídos de comemoração na Semana Santa, porque a morte de Jesus é lembrada, o silêncio dos sinos era substituído pelo bater na madeira por um pedaço de ferro. Isso se chama matraca.

Dimenstein – Você quer outro exemplo, Cortella? O menino de recados! As pessoas utilizam essa expressão sem saber qual é a sua origem. O "menino de recados" era filho de escravo, garoto escravo encarregado de mandar recado para alguém. E existiram tantas outras formas de passar a notícia... Por exemplo, uma pessoa mais letrada se encarregava de ler o jornal para os habitantes nas cidadezinhas que não o recebiam.

Nessa análise da comunicação, é interessante observar como a prática jornalística foi mudando. Primeiro, a ideia de

24 horas passou a ser seminal. Antigamente, quando íamos para uma redação, podíamos parar e sair para beber, para conversar. Acabou aquele mundo, aquela época em que poucas pessoas, por exemplo, se ocupavam com a bolsa de valores, ficavam preocupadas quando ela abria – você lembra disso? –, na China, no Japão... Hoje o mundo mudou, o conceito de 24 horas é o que impera.

Outro aspecto que acho muito importante, além dessa mistura entre comunicação e educação, é como novas habilidades vão se impondo. Por exemplo, quando menino, trabalhei muitos anos na *Folha de S.Paulo*. Na entrada da sede desse jornal tinha uma gráfica. Nunca, em 30 anos, tive interesse em bater lá e pedir: "Deixe eu ver como funciona?". Eu só via o pessoal puxando o papel com a mão suja de tinta. Nunca, repito, tive o menor interesse em saber como uma máquina funcionava. Nunca tive a curiosidade de saber como entra e como sai a tinta. Tanto que o Departamento de Engenharia me era algo estranho. Já no mundo atual, o jornalista tem que saber engenharia. Tem que saber como funciona o Facebook, como funcionam os aplicativos, os algoritmos. Nesta minha idade, quando deveria estar sossegado, estou aprendendo o tempo todo sobre algoritmos, sobre como construir um *site*, como programar... E se errar na construção de um *site*, tenho que enfrentar as consequências. Posso até não precisar fazer um *site*, mas preciso entender como ele é criado. Portanto, a engenharia se misturou com o jornalismo. Todas as linguagens – o vídeo, a foto, o texto, o áudio – se resumiram a uma só. Passei a ser uma pessoa de múltiplas plataformas, e todas elas se cruzam. Antes, o jornalista fazia a matéria e o leitor parava nela. Agora, a matéria é uma porta aberta para outras questões. E o que considero importante quando se fala em 24 horas é que tudo isso se tornou um conceito que você, Cortella, trabalha muito, que é a aprendizagem em tempo real e aprendizagem para o resto da vida.

Por que estou falando nisso? Estou com 50 e tantos anos. São raros os jornalistas que receberam todos os prêmios que eu ganhei. Não conto isso para me vangloriar, pois posso afirmar com toda a certeza: eu acordo todo dia zerado. Leio matérias sobre comunicação no *New York Times*, no *Wall Street Journal* que nunca imaginei... Estou até fazendo um diário sobre quantas coisas toda semana eu aprendo que são totalmente novas. E coisas das quais nunca ouvi falar, nem imaginei que pudessem existir, coisas sem as quais o Catraca Livre não funciona. Hoje, quando escrevemos uma matéria, temos que saber quais são as palavras-chave que as pessoas procuram no Google para podermos indicá-las; quando estamos no Facebook, temos que saber como escrever. Portanto, temos que aprender em tempo real e pelo resto da vida.

Cortella – Nunca foi tão forte a ideia de educação permanente. A frase "A educação nunca acaba", que era só um mote para dizer que estamos vivendo e aprendendo continuamente, ganha hoje um nível de urgência. Afinal, temos algo inédito no campo da comunicação e da educação, que é a simultaneidade. Essa simultaneidade é, de um lado, a abolição das paredes, isto é, a desmontagem da estrutura física; de outro, a transformação de átomos em *bits* é cada vez mais veloz, em relação, inclusive, aos locais e aos modos de conhecimento e aprendizagem. Eu sei, quando pego um jornal logo cedo – e o faço todos os dias às cinco da manhã –, que ele já tem um nível de precarização que é muito diferente do que foi há 30 anos. Eu cotejo o que está no jornal com a internet que acabo de acessar, porque uma parcela das notícias que estou olhando na capa já perdeu não só a validade, como também a gravidade.

Dimenstein – E se você comparar um pouco mais, vai saber que está jogando dinheiro fora. O que você está colocando é o seguinte: se a pessoa não aprende em tempo real e pelo resto da vida, ela só tem uma solução: tem que ser filha de alguém rico ou ter uma herança, porque, senão, não sobrevive.

Você sabe, os judeus adoram seguir a carreira de medicina, as mães os forçam a isso. Eu nunca senti essa vontade, mas tinha tios que eram médicos e iam a cada seis meses a congressos em Chicago, em Boston... Podiam estar com 70 anos e mesmo assim continuavam frequentando os congressos – nem sei se iam para aprender, mas eles me asseguravam que aprendiam muito mais no corredor. O médico era a figura por excelência da educação para o resto da vida. Médicos e congressos eram termos que estavam sempre juntos.

Isso se estendeu para tudo, só que não precisamos mais dos congressos; só precisamos estar conectados. O que muda é que precisamos ser gestores do conhecimento.

Cortella – Precisamos ser curadores. Os congressos são curadores de si mesmos.

Dimenstein – Estudei num dos lugares mais arrogantes da história da humanidade, chama-se Harvard. Por mais que os profissionais de lá pareçam humildes, são de uma arrogância absoluta. E aí, o pessoal da medicina falava: "Não vamos a congressos. Só vamos para falar. Porque se já não soubermos do assunto em questão, é porque não tem importância". E completavam: "Se tem alguma coisa relevante sendo feita em qualquer área da medicina, de alguma forma já temos que saber. Não vai ser num congresso que vamos tomar conhecimento... Se nos chamarem para falar, nós vamos; para assistir, não".

O que está sendo colocado? É que há uma outra dimensão hoje. E tem mais um fator: os jovens não sabem a diferença entre presencial e virtual. Isso é coisa dos velhos. Os mais novos estão com o celular na mão para saber qual é o cinema mais próximo. O que é o Tinder?* É a morte do presencial com o virtual. O jovem está num lugar e pode

---

* Aplicativo que apresenta pessoas que estão próximas à pessoa que o utiliza. Por meio do programa, ela poderá conhecer outros usuários que também estão registrados no aplicativo, com o objetivo de marcar encontros. (N.E.)

escolher quem quer namorar a uma distância de 500 metros. O Tinder, naquele momento, é a realidade para ele.

Cortella – Mas há uma evanescência nisso, Gilberto. É muito gaseificado, é quase o que prega o *Manifesto do Partido Comunista*:* "Tudo que é sólido desmancha no ar". Quando nós estivermos publicando este livro, uma parte disso já não existirá. Tal como o Orkut desapareceu, o mesmo acontecerá com o Facebook e outros aplicativos ou modernismos. Quer dizer, há um nível de evanescência na informação, de precariedade de substância que, claro, altera algo. A sua comunidade médica judaica não por acaso investiu em medicina, que é a agregação no cérebro de um valor intangível. Do ponto de vista de uma sociedade que em alguns momentos precisou fugir, é essencial que esteja preparada para levar o que tem valor, e que não pesa, portanto não precisa ser carregado. Não pode ter terra; se tiver terra, como vai poder ir embora? Como sairá correndo para fugir da perseguição da Igreja católica de outros tempos? É necessário ter alguma coisa que seja um valor. Ou é joia, ou é ouro, ou é conhecimento.

Dimenstein – Você precisa ver na Orquestra Sinfônica de Israel a dificuldade para os músicos de percussão carregarem os instrumentos...

---

* Karl Marx e Friedrich Engels. *Manifesto do Partido Comunista*. São Paulo: Martin Claret, 2000. (N.E.)

Acho que a riqueza nesta nossa conversa é que o WhatsApp pode ter mudado quando este livro for publicado, mas a linha evolutiva da humanidade mantém um elo com a comunicação. Um dos chefes do rabinato inglês é um professor de Oxford muito respeitado intelectualmente. Ele escreveu um livro explicando por que, a seu ver, Deus escolheu os judeus. Pois, segundo a *Bíblia*, os judeus são o povo escolhido – acho que escolhido para apanhar, mas, de qualquer forma... Ele explica, do ponto de vista pedagógico, por que Deus escolheu os judeus. Traduzindo, é mais ou menos o seguinte: Deus estava lá pensando: "Preciso escolher um dos povos aqui para ser meu representante na Terra". E aí ele raciocinou assim: "Quem é que vai transmitir a minha palavra? O único povo que estou vendo com clareza, que trabalha a ideia da palavra escrita, que ensina a ideia da palavra escrita, é um povo chamado judeu. Então esse é o povo eleito". Porque a comunicação verbal estanca em algum momento, mas a comunicação escrita nunca.

Cortella – Em latim, põe-se no pé da página do livro: *Verbum volant, scripta manent*, ou "A palavra voa, a escrita permanece". Se não estiver escrito no livro, ninguém lembra.

Dimenstein – Percebe como é fundamental essa questão toda da comunicação? Quais são as invenções que mudaram a história da humanidade? O alfabeto, a palavra. Acho que o povo judeu é um bom exemplo de sobrevivência. Fico muito intrigado com o fato de os judeus não terem acabado. Porque não era para eles estarem vivos depois de tanta perseguição e durante tanto tempo – pois a perseguição não ocorreu num período só. Há uma questão que coloco continuamente e que sempre volta à educação. No judaísmo, a palavra *conhecimento* significa o mesmo que ter relações sexuais, como está na *Bíblia*. A palavra *rabino*, semelhante a *mestre*, lembra um pouco a palavra *professor*. A própria noção de Deus, no monoteísmo, foi a primeira rede social que se montou. Deus era o Facebook da época. Deus era a rede que juntava todo mundo. E dominando-se uma rede, domina-se o mundo. Qual é o livro que, de alguma forma, consegue dominar a história da humanidade? Ou uma parte? É a *Bíblia*. E ela junta as três coisas fundamentais no ser humano: a ficção, para uns; a não ficção, para outros; e a autoajuda. Se alguém buscar ajuda na *Bíblia*, vai encontrar lá. E, para concluir, a única coisa que fez que os judeus se unissem, já que não tinham uma língua, nem uma pátria, foi um livro. Pelo menos para mim, como judeu – a ideia do livro e depois a ideia do *bar mitzvah*.

Cortella – No *bar mitzvah*, quando o garoto faz 13 anos, é *insignado*, assinalado, marcado.

Dimenstein – Qual é o pacto dele com Deus? É a leitura de um texto. Isso significou que nunca poderia haver um judeu analfabeto. Porque um analfabeto não consegue ler a *Bíblia*, que é a *Torá*, e não consegue se comunicar com Deus.

Considerando essa característica do judaísmo e voltando àquela questão da perenidade, verificamos que todos os povos que, de alguma forma, seguiram esse princípio da valorização da educação, da cultura, conseguiram ser fulgurantes nas piores situações. Vamos pensar nas redes que mudaram o mundo: a rede de energia elétrica, a rede das ferrovias... O que os romanos faziam para dominar o mundo?

Cortella – Construíam estradas, aquedutos...

Dimenstein – No que os romanos eram bons? Em redes de água. Mais uma vez, quem domina as redes, domina o mundo. O grande poder americano hoje vem do domínio das redes.

Vamos pensar no caso da Coreia do Sul; na década de 1970 estava no nível do Brasil. Vamos pensar numa Alemanha destruída depois da guerra, ou num Japão destruído depois da guerra... Qual é a obsessão da China hoje? É fazer grandes universidades.

Cortella – E faz. Você lembrou uma coisa fortíssima, que é a ideia de redes. Porque especialmente no mundo clássico grego, quando se trabalhava com a formação de uma parcela das pessoas, a ideia era agregá-las num lugar, fosse a academia platônica, fosse o liceu aristotélico; juntavam-se pessoas e formava-se uma rede de conhecimentos. Isso vale para o nascimento da universidade na Europa do século XI com Bolonha e depois, na sequência, as outras.

O que perdemos na escola contemporânea e que agora estamos retomando é a percepção da urgência da rede. A escola sempre teve, até há algumas décadas, uma configuração muito isolada. Os professores não entravam em rede entre si, os alunos não tinham conexão entre os conhecimentos, era tudo estancado em disciplinas: português, matemática, história... Hoje se fazem de novo as primeiras propostas de abolição de disciplinas. Por exemplo, quando fui secretário de Educação na cidade de São Paulo, promovemos uma discussão intensa com algumas escolas para formar ou levar o professor, chamado de multidisciplinar, também para o ensino fundamental II. O que é o fundamental I? O antigo primário. Havia uma professora para todos os conteúdos. Quando o aluno ingressa no fundamental II, que hoje compreende os anos do 6º ao 9º, muda tudo. Aliás, o 6º ano é aquele em que há o maior número de falências; é o mais drástico dentro do ensino fundamental. Porque do 1º ao 5º ano, quando a professora marca a tarefa, os exercícios, se está ensinando português, acrescenta ou fixa o conteúdo de ciências sociais de que ela também estava tratando. Ela agrega, portanto. Do 6º ao 9º ano, cada disciplina tem um professor diferente. A escola funciona às vezes de uma maneira tão automática que consegue fazer que as pessoas iniciem as aulas sem promover anteriormente uma reunião, apenas distribuindo o horário. Se o professor receber por computador o horário, ele começa a dar aula em 2015 sem se sentar com os colegas que ensinam para a mesma turma. Ora, essa barreira vem sendo desmontada pelo mundo digital. O aluno não vive isso no dia a dia. A escola que era antes um espaço de convivência, passou a ser um espaço de afastamento. Evidentemente que essa não é uma responsabilidade exclusiva dos docentes, mas é uma forma de organização da estrutura escolar *stricto sensu* que está colidindo com os outros modos de educação.

Dimenstein – E aqui entra uma questão muito importante que eu tive o prazer de ver nascer. Quando estava em Harvard, vi nascer uma empresa que chamava EdX. Essa empresa foi a junção de Harvard com o MIT para abrir todos os seus cursos gratuitamente. Todos. Então, hoje, se alguém quiser estudar em Harvard ou no MIT, pode fazê-lo gratuitamente. Dá para imaginar o poder disso.

Aliás, o MIT tem uma história muito interessante. Ele tem um time de futebol americano que é considerado o pior de todos os tempos. Em 60 anos de time, ele ganhou apenas 80 jogos. Ao mesmo tempo, nesses 60 anos de escola...

Cortella – Quantos prêmios Nobel recebeu?

Dimenstein – Oitenta e quatro.

Cortella – Oitenta e quatro prêmios Nobel!

Dimenstein – Aí o *Wall Street Journal* fez uma matéria assim: "Nestes 60 anos, vocês conquistaram 84 prêmios Nobel, mas tiveram apenas 80 vitórias no futebol. O nosso conselho é o seguinte: fiquem onde vocês são bons". E sabemos que foi no MIT que inventaram o *e-mail*, a impressora 3D... até a sigla *www*, que revolucionou a internet, surgiu lá. Eu estive com o reitor dessa instituição, que me disse: "Gilberto, você sabia que o quarto país que mais acessa o MIT é o Brasil?" – até me sinto um pouco responsável por isso, porque quando o Catraca Livre nasceu com essa ideia de oferecer aulas de graça, eu estava lá. E ele continuou: "Podia ser muito mais. Por que não é mais? Por que é primeiro o povo americano, depois o inglês e o hindu? Porque esses países são de língua inglesa!". Perguntei-lhe, então: "E o que você propõe? Por que vocês não traduzem todo esse conteúdo para o português?". Ele respondeu: "Não sei se eu mesmo conseguiria fazer, mas dou o conteúdo para quem quiser traduzir". Ele só precisa verificar se a tradução está bem-feita. Até divulguei essa proposta no rádio. O mesmo acontece com o Coursera, um novo programa de ensino interativo que também foi desenvolvido por importantes universidades americanas, como Stanford e Michigan.

O que quero dizer é o seguinte: todo conhecimento relevante da humanidade, seja em museus, seja em bibliotecas, pode ser disponibilizado. Quando eu estava em Harvard, conheci um sujeito numa festa que está fazendo a biblioteca universal. Ele quer reunir todo o conhecimento relevante da humanidade e colocá-lo na biblioteca virtual gratuita. Todas as aulas relevantes da humanidade possivelmente vão estar na internet. E lá também se disponibilizam aulas de matemática, de química, de física, de biologia etc.

Nova era? E o que já era?
De Gutenberg ao virtual de nossos dias

Dimenstein – Eu tive a sorte de conhecer, nos Estados Unidos, um rapaz chamado **Salman Khan**. Sua história é fantástica. Para ajudar uma sobrinha com dificuldade nas lições de matemática, ele gravava vídeos rabiscando as aulas numa lousa. Hoje, o mundo todo usa esse conhecimento.

Cortella – Ele tornou-se muito bem-sucedido com isso.

Dimenstein – Ele foi dar uma aula em Harvard, onde eu o conheci. Lá, quando alguém é celebridade, tem que ser *muito* celebridade. E eram 20 pessoas na Biblioteca da Escola de Educação que o ouviam. Achei maravilhoso! Aqui no Brasil, pode ajudar milhões de pessoas porque a aula realmente é magistral.

O que eu quero dizer é que os conhecimentos vão tomar formas cada vez mais interativas e interessantes. É possível que, em algumas situações, mais valha assistir a um vídeo interativo do que ter a presença de um professor. Uma das iniciativas mais revolucionárias que se tem em educação e comunicação hoje é o *adaptative learning*, que em português se chama "ensino adaptativo". Funciona da seguinte forma: o aluno vai aprender matemática. Ele vai fazendo testes, até que o computador avisa: "Você errou, faça de novo. Ou veja um novo exercício para aprender de um jeito diferente, recuperando o que você não sabia". O computador vai levá-lo a um estresse até ele chegar ao entendimento e ao acerto. O que significa isso? Que o professor na sala de aula pode acompanhar a evolução de aprendizagem de cada aluno para simplesmente orientar: "Sabe essa conta que você não está conseguindo fazer? É assim". Na realidade, é como se criássemos um professor particular para cada estudante. Ah, isso é futuro? No ano passado, já houve sete milhões de jovens que fizeram testes adaptativos! Se na escola presencial existir um sistema de comunicação pelo qual o professor mude a sua forma de atuação de modo que o computador faça uma boa parte e ajude na resolução de problemas, o ganho e o progresso serão enormes.

Cortella – Por exemplo, nos anos 1970, existia um método de ensino, a instrução programada, que era exatamente isso que você está contando, só que ela era realizada toda em papel. É como se fosse um fluxograma. O aluno ia respondendo às questões; se ele errasse, tinha que voltar a determinado ponto. Ele só podia passar adiante depois de resolver aquela questão. Isso nos veio da área militar. Nas escolas militares, esse método permitia o aprendizado individual sem um instrutor – entre os militares raramente se usa a palavra *professor*, mas sim *instrutor*. Essa é a lógica de ir aprendendo passo a passo, cada um com o seu próprio senso de autocrítica, porque certamente ninguém vai praticar autoengano nessa hora e resolver seguir adiante mesmo não sabendo o conteúdo; se a pessoa está ali para aprender, ela vai ter que fazê-lo. O mundo digital agora vem à tona com essa metodologia – pois essa ideia de adaptação é uma metodologia, não é só um método. O método é o material que está lá, é o caminho. Mas é a metodologia, que é a filosofia do método, que determina que o aluno vá completando as suas lacunas de maneira a não romper esses tijolos da ponte.

Dimenstein – Você percebe como a comunicação está mudando? Não significa que o professor seja dispensável, mas que ele é mais importante ainda. Significa o seguinte: "Vou ajudá-lo a transformar a curiosidade e a dúvida na essência da minha relação". A comunicação dele com o estudante muda. O que não muda nunca é algo ligado a uma palavra simples: relevância. Enquanto alguma coisa for relevante para o indivíduo poder ter informação e viver melhor, ela não vai perecer. Por que a *Bíblia* existe até hoje? Porque ela é relevante para as pessoas. Talvez só na Idade Média os livros religiosos tenham sido tomados mais ao pé da letra do que agora.

Cortella – Dois terços da humanidade estão ligados à religião da *Bíblia*. Se somarmos islâmicos e cristãos, são três bilhões de pessoas. Judeus já não são tantos, mas as religiões que têm algo grafado são fortes. Se pensarmos no judaísmo, no mundo hebreu, o que havia não era monoteísmo, era monolatria:

entre os muitos deuses, Javé era um deles, mas tinha que ser o principal. Aliás, isso está lá no texto. O monoteísmo mesmo veio com Davi. Isto é, quando se tem uma monolatria, um grupo que se agrega em volta de um livro, aí existe uma nação e, portanto, o monoteísmo, que é uma monopolítica.

Dimenstein – Só para acrescentar, você sabe que eu tive a sorte de morar em Nova York na virada do milênio, pelo seguinte motivo: lá saíram 500 mil resenhas sobre as coisas mais importantes dos últimos mil anos; foi uma economia de tempo. Entre elas – é incrível, mas sempre é mais ou menos universal –, constava a penicilina de **Fleming**. No entanto, a maior revolução desse período, a que teve maior impacto, foi o livro de **Gutenberg**, que, aliás, nem é uma invenção só dele, pois já existia na China. A inovação de Gutenberg foi a utilização dos tipos móveis, que tornou possível ao livro estar nas casas.

Cortella – Sim, em 1455 ele criou a *www* da época, que foi o tipo móvel, imprimindo uma *Bíblia*. A palavra é boa: tipo móvel – é o *mobile*. E o tipo móvel barateia. Com o tipo fixo anterior, era necessário fazer uma chapa de metal que depois precisava ser derretida na totalidade. O tipo móvel permite aquilo que hoje é o virtual.

Dimenstein – Você sabe com mais precisão, Cortella. Havia poucas bibliotecas no mundo e cada uma com o quê? Mil livros?

Cortella – Menos até. No tempo de Gutenberg é possível um cálculo: eram necessários dois anos para dez copistas fazerem 20 exemplares de um livro. Só no primeiro ano do Gutenberg, foram publicados mais de dois milhões de exemplares.

Dimenstein – Aí todos eles ficavam guardados nos monastérios, como vimos naquele filme *O nome da Rosa*,[*] impedindo que a pessoa tivesse acesso ao conhecimento. E a sala de aula, como a conhecemos, está de alguma forma ligada aos livros. Em inglês, o nome do professor era "o cara que lia o livro", visto que era a única pessoa que possuía aquele objeto.

Cortella – Sim, tanto que é o *lector*. Ser um *lector* em Harvard ou Oxford era prestígio na certa!

Dimenstein – Percebemos que a história da comunicação não muda: ela é uma transmissão de coisas relevantes na vida de cada pessoa. Portanto, o impacto que Gutenberg provocou ao fazer o livro foi enorme. O que muda é o seguinte, aí sou um otimista: o acesso ao conhecimento nunca foi tão democrático. O fato de eu ter a biblioteca de Harvard no meu celular e não pagar nada por ela é algo fantástico. E há mais: uma das tecnologias mais incríveis que surgiu recentemente, o Netflix, é um serviço que nos permite ver qualquer filme pagando uma mensalidade relativamente baixa; a Amazon também começa a

---

[*] Direção de Jean-Jacques Annaud, 1968, com base no livro de Umberto Eco. (N.E.)

investir nesse mercado. Inclusive o YouTube vive um drama por conta disso. O Netflix fez um levantamento mundial para saber o que o espectador de determinado filme gostaria de ver no futuro.

Cortella – Ótimo, antecipação.

Dimenstein – A partir daí, depois que alguém assiste a um filme, aparece a sugestão: "Quem assistiu a esse filme também se interessou por tais e tais títulos". A Amazon faz algo semelhante. Em seu *site* de compras, dá o seguinte recado: "Você comprou esse disco de *jazz*; possivelmente vai se interessar por estes outros".

Hoje, se alguém comprar algum produto para se barbear, por exemplo, vai receber sugestões para adquirir itens relacionados. Percebemos que todo mundo está trabalhando a questão da curadoria das formas mais incríveis possíveis. Se a pessoa quer ir para Nova York, logo recebe uma sugestão ou indicação: "Esta é a melhor passagem para levar você até lá. Se você quer a mais barata, então eu vou lhe dizer onde vai poder comprá-la". Vemos isso o tempo todo, e o centro é o indivíduo. O acesso à cultura e à educação é cada vez maior, e quanto mais forte for um curador, mais as pessoas acreditam nele. Se o conhecimento virou *commodity*, o diamante é a curadoria.

Cortella – Eu tenho uma discordância de termo com você, Gilberto. Não acho que chegamos a ter um conhecimento mais democrático, penso que ele ficou apenas mais acessível. Ele seria mais democrático se partilhado de maneira equivalente. Mais ou menos como nossa cidade não é acessível – qualquer um pode andar com cadeira de rodas desde que tenha o lugar apropriado para ele passar; qualquer um pode passar, mas, se não houver a rampa, não é democrático.

Mas eu queria voltar a dois pontos. O primeiro é: por que as aulas do Khan são estupendas? Porque ele é um bom professor. Se eu me propusesse a dar as aulas dele, elas não seriam assim tão boas. É possível que ensinando **Pitágoras**, em matemática, suas aulas funcionariam, mas, ensinando **Heráclito**, talvez não fosse a mesma coisa. Existe aí um elemento-chave que é a não dispensabilidade do docente. Isto é, a aula naquela plataforma usada pelo Khan, oferecida no Brasil por fundações, ou por Harvard, ou pelo MIT, é uma nova forma de disponibilidade, mas ela supõe alguém que saiba ensinar. Isto é, alguém que tenha a capacidade de traduzir a complexidade para o simples sem ser simplório. Eu consigo entender as aulas do Khan, mas porque ele é um grande professor. Ora, quem é o grande professor? Para mim, é aquele que você, Gilberto, vem chamando muito bem de *curador do conhecimento*. Você sabe que a palavra *curador* está ligada à religião, porque o cura, em português lusitano, é o pároco, aquele que está na paróquia, portanto que cuida de uma comunidade. E o curador é aquele que toma conta, não para seu uso exclusivo, porque nesse caso ele seria o proprietário.

Dimenstein – O curador é um compartilhador.

Cortella – Exatamente. Ele tem a tarefa de colocar o conhecimento à disposição da comunidade. Um curador de exposições, um curador de museus cuida para que as pessoas possam partilhar.

O segundo ponto se prende à nossa conversa sobre a *Bíblia*. Ora, o mundo atual é a vingança de Adão e Eva, visto que eles foram colocados fora do Paraíso por terem comido da árvore da sabedoria. Você sabe que no Paraíso, de acordo com a tradição judaica, havia duas árvores: a árvore da vida e a árvore da sabedoria, do conhecimento do bem e do mal. Eles não comeram da árvore da vida; eles comeram da árvore do conhecimento, o que não é permitido. Isto é, numa sociedade fechada, onde há um elitismo grassante, comer da árvore do conhecimento significa ter acesso a algo que hoje o mundo digital pode oferecer, que é a emancipação.

Dimenstein – Agora entendi *O nome da Rosa*!

Cortella – Sim, claro. Não é por acaso que a personagem central d'*O nome da Rosa* se chama William de Baskerville – porque William é o nome do **William Ockham**, que é o principal pensador britânico que fala da necessidade de investigar as coisas. Não é casual que o monge se chame Jorge e seja cego – era **Jorge Luis Borges**. Agora, o mais estupendo é que todo mundo morre em nome de um livro que **Aristóteles**

jamais escreveu. Todos os monges são assassinados, um por dia, cumprindo a Semana Santa. Cada um deles é assassinado porque tentou ler um livro de Aristóteles sobre a comédia que, na verdade, não existe. Ele escreveu um livro sobre retórica, outro sobre poética, mas não sobre comédia. E Jorge mata os monges porque eles querem um livro sobre algo proibido, que era o riso. **Prometeu** foi condenado pelos deuses ao castigo eterno porque ofereceu o conhecimento aos humanos. Qual foi o grande pecado de Adão e Eva? Foi a desobediência, mas não por terem comido um fruto. Aliás, nunca se mencionou o fruto. A crença de que era uma maçã é uma ideia medieval. Porque no mundo medieval, até nos contos de fada, a maçã era perigosa – ela era usada pela nobreza para alimentar os porcos. Além do que, em boa parte das culturas orientais – e o judaísmo é oriental –, a maçã é um símbolo sexual por causa do formato da curva e, quando cortada ao meio, simula o sexo da mulher. Então, ela era vedada. Mas não se menciona o nome do fruto; maçã não seria, certamente. Talvez banana ou coco, porque maçã era uma fruta comum naquela época. O pecado não é sexual, portanto. Essa é uma versão muito tosca. O pecado de Adão e Eva é que eles comeram da árvore do conhecimento, isto é, eles tentaram ser iguais a Deus. Aliás, esta foi a frase da serpente (a serpente era o curador): "Se vocês comerem, serão iguais a Deus". Isto é, vocês vão ficar emancipados. Nós só somos livres porque Adão e Eva quiseram conhecer. É por essa razão que "conhecer" e "ter relação sexual", no hebraico, guardam o mesmo sentido.

Quando eu dizia que curador é aquele que não é proprietário, mas guardião da disponibilização, existe um elemento cidadão na curadoria. Seja o curador público ou privado, no campo da educação ou da arte, a tarefa dele não é guardar para si; o curador protege sem que esteja no alto do castelo. Ele protege na medida em que difunde, em que passa adiante. Quando lembramos d'*O nome da Rosa*, Jorge, o monge, não é um curador, mas um guardião de exclusividade. Ele não quer que se tenha acesso. Tanto que a cena mais desesperadora do livro ou do filme é quando, no incêndio da biblioteca, ele tem que escolher o que levar. Porque eram livros pré-Gutenberg, portanto únicos, não havia cópias. Sempre me pergunto: quais livros eu escolheria se tivesse que salvar apenas alguns? Qual deles eu salvaria? A questão não é qual livro eu levaria para uma ilha deserta, mas qual livro salvaria de um incêndio de uma biblioteca medieval.

Dimenstein – Lembro-me agora de um jornalista do *New York Times* que ia se mudar para Los Angeles. Ele não tinha muito dinheiro, ia morar num apartamento pequeno e perguntou: "Qual livro eu levo? Ou não levo livro algum?". Aí houve um debate: "Não leve nenhum livro! Você não precisa levar mais nenhum livro porque estão todos na internet".

Cortella – Qual livro eu levaria para uma ilha deserta? Hoje isso já não é problema: levo um computador.

Empoderamento:
"É junto dos bão que ocê fica mió"

Dimenstein – A escola, hoje, ou é um centro de curadoria sofisticado ou perde sua importância, porque já é possível o acesso a excelentes aulas. Vemos, portanto, como a comunicação muda toda a visão do processo educativo. Aliás, se considerarmos a história da comunicação, vamos descobrir que é a história de como ela muda o processo educativo. Quando surge o livro, ele muda a sala de aula.

Cortella – Ele é a primeira plataforma de ensino a distância.

Dimenstein – Exatamente. Quando se criam as cidades, que é um sistema de educação, também se cria um tipo de escola. Uma experiência que fizemos em São Paulo, na Vila Madalena, e que até hoje existe, é a do bairro-escola. No que consiste? Em primeiro lugar, verificamos a localização da escola e o seu entorno. Em seguida, observamos como a escola interage com esse entorno que pode abranger teatro, cinema, parques, praças, enfim o espaço que ela pode utilizar. Uma das escolas em que fizemos a experiência fica na rua Jericó. Descobrimos que ao redor dela havia muitas oportunidades que as pessoas não aproveitavam por desconhecimento. Aí nasceu o Catraca Livre, com a ideia de impactar um sistema de comunicação, da mesma forma que o livro, o rádio, a televisão, todos eles marcaram profundamente a escola. Só que a forma como se obtém informação é bem mais acessível e rápida agora. A diferença é que a escola demora muito tempo para mudar.

Cortella – Sim, porque ela trabalha com gerações. Mas há um segundo elemento que a torna mais lenta: ela é o último território do trabalho individual. Isto é, o professor age sozinho em sala de aula: "Eu não preciso prestar contas e ninguém está comigo", na suposição de que atua com crianças ou jovens sobre os quais tem autoridade. É diferente de um espaço coletivo de trabalho numa redação, num escritório, num centro médico onde existe uma rede. A sala de aula é uma rede entre os alunos, mas não com o docente. Quais são as escolas boas, aquelas em que os alunos gostam de estar? São aquelas que têm um projeto pedagógico integrativo, de rede entre os docentes.

Dimenstein – Sabe o que mais me tem impressionado não só na tecnologia, mas na percepção do que é educação? São os conhecimentos muito antigos, que eu adquiri há 50 anos e que já estão virando o chamado *mainstream*, parte do conhecimento geral de todo mundo. A questão básica diz respeito a quais de nossas atitudes vão impactar o futuro. Os americanos procuraram investigar se determinado aluno que foi bem na escola o tempo todo, posteriormente se sai bem no trabalho – porque, no final, o importante é desenvolver habilidades, não é? Eles observaram que países que obtinham altas notas no Pisa* não eram nações inovadoras, nem mais ricas. E concluíram: existem outras habilidades que são tão necessárias quanto aprender e gravar coisas, ou até mais importantes do que isso, e que podiam se resumir em poucas palavras: resiliência, disciplina e autocontrole. Pessoas com resiliência, disciplina e autocontrole, com o tempo, iam progredindo. Um dos aspectos destacados é a inteligência que acompanha a habilidade de fazer comunicações interpessoais e grupais. Podemos notar entre os profissionais bem-sucedidos que muitos deles pertenciam à "turma do fundão" na época da escola. Ou seja, a comunicação interpessoal passa a ser decisiva também para determinar como o indivíduo prospera no trabalho.

A escola, assim como a mídia, está sob ameaça de todos os lados. Ela está sob ameaça do que tem que ser avaliado, do que é importante que o aluno aprenda, de quais habilidades ele traz geneticamente da sua família e quais a escola consegue ensinar-lhe. Na Suécia, por causa desses testes, Cortella, há aulas de empreendedorismo já na pré-escola, porque trabalham a resiliência, a disciplina, o autocontrole, o trabalhar junto...

Cortella – É um pouco do projeto pedagógico imaginado por **Marx**, quando falava em omnilateralidade, isto é, a formação por "todos os lados". É o que chamamos de

---

* Programa Internacional de Avaliação dos Estudantes. (N.E.)

formação integral, que não se limite a conteúdos científicos e informacionais e também se dirija a valores e atitudes que ofereçam maior vigor intelectual e participativo à pessoa.

Dimenstein – Eu até gostaria de fazer aqui o resgate histórico de uma palavra, *empowerment*, ou *empoderamento*. Toda vez que a usamos, parecemos sofisticados: "Cara esnobe, fala inglês". Mas, na verdade, *empowerment* é tradução. Quando morávamos em Nova York, o Paulo Freire, que ia dar aula em Boston, me contou que uma vez, ao escrever um texto em inglês, usou essa palavra na seguinte frase: "O papel da comunicação é empoderar as pessoas". Como ela não existia em português, um tradutor "gaiato" falou: "Vamos inventar uma palavra, *empowerment*". E hoje, quando as pessoas empregam esse termo, são consideradas sofisticadas.

Cortella – E é exatamente o inverso do que poderíamos supor.

Dimenstein – É uma palavra que foi criada no Brasil. E é interessante que ela seja recuperada aqui porque, de fato, quando falamos em educação e comunicação, falamos de empoderamento. Na verdade, Cortella, a cidadania é um eixo de empoderamento dos indivíduos. Quando discorremos sobre comunicação, cidadania e educação, o que pretendemos é identificar os elementos que temos para fazer que a pessoa alcance mais poder.

É importante, neste momento de 2015, falar em empoderamento por várias razões, entre as quais esta: eu nunca vi o poder público, seja de direita, seja de esquerda, viver tanto descrédito. Nunca! Eu não me lembro de ter visto um descrédito tão grande no poder constituído, na oposição e assim por diante. O único poder que não me parece que está em descrédito é o poder individual, o empoderamento.

Cortella – Que não é o individualismo, mas a iniciativa do indivíduo.

Dimenstein – É o protagonismo, é o indivíduo ter poder. Ele não espera que uma autoridade se faça presente; ele que trate de compartilhar o carro, de andar de bicicleta, de reciclar o lixo e jogá-lo no lugar correto. Há um aspecto do poder individual que combina com o enriquecimento coletivo. E se observarmos as recentes manifestações de rua contra o governo, vemos que não havia um partido convocando as pessoas. Ou, se havia um, era o partido do WhatsApp, porque cada indivíduo se sentia pessoalmente movido a participar.

Cortella – Penso que o WhatsApp agendou o encontro, mas quem chamou as pessoas foi a realidade.

Dimenstein – Mas antes era difícil convocar. Uma coisa de que não me esqueço foi o trabalho que tive para levar um mimeógrafo à Rússia quando fui para lá. Eu precisava desse equipamento na embaixada do Brasil, e era difícil levar um.

Cortella – Sim, porque era proibido.

Dimenstein – Exatamente. Mimeógrafo era uma coisa revolucionária no nosso tempo de estudante. Eu me lembro até hoje daquele cheiro do álcool. Quando tinha uma produção de jornais revolucionária na Rússia, escrevia-se no trem, porque ele passava de estação em estação. Ou seja, as pessoas sempre encontram um jeito criativo de se comunicar.

Cortella – Até o homem numa ilha solitária dá um jeito e põe um bilhete na garrafa.

Dimenstein – Portanto, comunicação é empoderamento. E comunicação com educação leva o ser humano ao máximo do empoderamento. Vemos isso com muita clareza no século XXI. Quando sei acessar uma aula do Salman Khan, ou sei como fazer para assistir a uma aula de Harvard, ou de Stanford, quando sei produzir um texto utilizando um tradutor da internet, quando me comuniquei com alguém via Skype, quando acessei a biblioteca do Congresso americano e tive a curadoria, eu lhe diria que é o empoderamento máximo da cidadania.

Cortella – Colocando-me agora em sala de aula como um professor da rede pública em qualquer lugar das periferias sociais brasileiras, como eu assumo, incorporo o papel de curador? Posso não dispor de um *tablet* para cada aluno para que ele assista às aulas do Khan, posso não ter a disponibilização digital de um material... mas eu posso, assumindo a figura de curador, ser aquele que é formado, inclusive pelas redes de ensino público ou privado, para buscar essas ferramentas na condição que o aluno tem. Por exemplo, não é só pela internet que eu as localizo. Há vários modos de textos, de metodologia. O que vale é marcar a percepção de curadoria. Eu cuido para repartir, protejo para permitir que o cidadão tenha acesso. Nesse momento, o papel social que isso coloca é altíssimo. E me lembrei, quando você falava do livro como um modo de revolução, de que todas as vezes que tivemos mudanças no campo da educação e da comunicação isso se deveu à alteração de plataformas. Mesmo que, durante os anos 1970, **McLuhan** não tivesse sido entendido dessa forma, agora ficou claro: "o meio é a mensagem" no sentido de que o meio não é, de fato, um depositário; ele muda o modo de perceber, muda o modo de olhar, muda a difusão.

Penso que cabe à cidadania esta especial expressão que você usa, Gilberto, a curadoria, que entendo como ideia de maestria. Há um conceito de empoderamento do indivíduo que é maestria. Nós, professores, somos chamados de mestres, mas em espanhol recebemos o título de *maestros*. Gosto muito da etimologia dessa palavra, porque *mah*, em sânscrito, significa *melhor* – por isso *mahatma*; e essa expressão em sânscrito, *mah*, *melhor*, foi para o grego como *magno*, magistério, magnífico. Acho que maestria é a capacidade de fazer melhor: fazer melhor a minha vida, a minha comunidade, a minha empregabilidade. Portanto é fertilidade, porque, como falamos no ponto de partida, é a recusa do falecimento – o falecimento da minha condição, da minha capacidade. Quando agrego a percepção da maestria como algo a ser provocado nos alunos, por exemplo, em educação escolar, em que eles assumam o protagonismo de procurar fazer melhor, e eu tenho o docente como curador de uma estrutura de conhecimento, isso exige de novo a ligação de rede. Isto é, a maestria se enfraquece se não houver essa condição.

Eu sou nascido no interior, em Londrina. Vivo em São Paulo há 50 anos mas, como bom caipira, gosto de coisas que um dia Guimarães Rosa grudou lá no *Grande sertão*. E existe uma frase caipira que, para mim, expressa muito bem essa ideia de rede: "É junto dos bão que ocê fica mió". Não adianta ser "bão" sozinho, "bão" sozinho é só "bão'; para ficar "mió", tem que se juntar com outros "bão". A universidade faz isso.

Dimenstein – As cidades também. É por isso que disse anteriormente que elas são a melhor rede social já inventada.

Cortella – Da mesma forma que a escola, se ela se entender como uma comunidade, como *polis*. Quando se fala aqui no Brasil em Pátria Educadora, obviamente que a intenção do lema é a percepção de nós sermos uma rede de vivências. Isso vale para várias estruturas.

Dimenstein – Mais um ponto de discussão é a forma de ensino superior, aquela ideia de universidades ou de escolas separadas em matérias segmentadas, própria do século XIX. Hoje, as universidades querem criar eixos multidisciplinares nos quais as matérias se misturem, se falem. Já houve até certo progresso no Brasil por causa do Enem, mas antigamente era aula de química, de física, de biologia, como se os conhecimentos fossem estanques, impermeáveis, independentes. Isso é uma abstração acadêmica. Então, essa questão aqui é como se faz o currículo. O currículo, como você sabe, é aquilo que os romanos colocam para as bigas correrem num espaço delimitado.

Cortella – É o caminho, a via.

Dimenstein – Na verdade, trocamos o currículo pelo conceito de rede, ou seja, essas informações todas formam uma malha na qual o aluno aprende. O que tem a ver a matemática com a física, com a biologia, com a língua portuguesa? Percebemos que o mundo das tecnologias sociais, das redes sociais cria não só o conceito de redes, mas também o de redes dos conhecimentos. Aquele sistema dos jornais antigos, separados por editoria, está em xeque, assim como a divisão por matérias na escola. Portanto, o sistema que hoje impera na construção de conhecimento é aquele compartilhável, em que cada um de nós não é espectador, mas coautor. É tão diferente isso.

Cortella – Interessante porque, na nova era, há muita coisa obsoleta. Uma delas é, em grande medida, o modo de organização do currículo escolar. Como você lembrou, Gilberto, ele é do século XIX, e isso faz que tenhamos algo que é quase uma herança jesuítica desde a Europa, que é a *Ratio Studiorum*, que organizava o modelo de ensino na relação ensino-aprendizagem pela compartimentação. Essa compartimentação levava também ao impedimento de rede nessa percepção que estamos trabalhando. Persistimos nessa tendência porque ainda não arriscamos a formação mais ampliada do próprio docente.

Vou voltar àquele ponto, em relação ao ensino fundamental. Há vários projetos em ação no Brasil em que se trabalha com o professor polivalente do 1º ao 9º ano. Aí se pode questionar: "Mas como alguém formado em filosofia ou biologia vai ensinar matemática ou português?". Isso será possível se eu for formado num projeto em que é o meu colega que tem licenciatura em matemática que me forma para ensinar essa disciplina e eu o formo para ensinar filosofia. "Mas ele será menos profundo", pode ser o argumento. Mas qual é o nosso nível de interesse? A profundidade ou a largueza? O que queremos ampliar como percepção? O que oferece mais capacidade de ação?

Esse nível de audácia vem avançando nesses novos modelos que são provocativos. Porque, quando as plataformas digitais nos acossam na escola... elas nos acossam porque vão mostrando um grau de obsolescência do que fazemos que é absolutamente gritante.

Simultaneidade, instantaneidade e conectividade

Cortella – Tenho um senão persistente quanto ao mundo digital! Essa simultaneidade, essa instantaneidade, essa conectividade obsessiva retiram o maior combustível da criatividade humana: o tédio. **Goethe** dizia que os macacos não criam, não fazem ferramentas, porque não têm tédio. Obviamente que no século em que estava ainda não havia estudos que mostravam que os macacos também criam. Nós não somos o único primata capaz de criar. E essa avalanche informacional, com essa obsessão pela simultaneidade, pela conectividade, impede a existência do tédio.

Você, Gilberto, é criativo porque em vários momentos da sua infância e juventude possivelmente não tinha o que fazer. E como não tinha o que fazer, na fila da escola para receber a merenda, depois na fila do banco, na fila do supermercado, você tinha que inventar alguma coisa para se ocupar enquanto esperava. Hoje, não há ninguém desocupado em lugar nenhum, e isso impede a criação. O tédio é o mais forte motivo para a criatividade. Portanto, a ausência de tédio permite informação, mas nos faz reduzir nosso espaço de conhecimento. Se, aqui e agora, durante esta nossa conversa, enquanto você fala, eu não precisasse prestar atenção, poderia ficar navegando na internet. E com uma notícia atrás da outra, sucessivamente, não tenho tédio. Quando você era menino, tinha que inventar coisas para fazer. Escrever, por exemplo. Não é o desespero o grande motor da literatura; é o tédio. Tem gente que passou a escrever poesia não porque sofria, mas porque estava num sofrimento desocupado. Quando sofremos, mas estamos ocupados, o sofrimento fica secundarizado. Por isso, qual é o meu obstáculo a uma parcela daquilo que é o mundo digital? Ele não nos dá respiro, isto é, não dá trégua; o mundo não dá trégua. E sem trégua, não crio, não invento. Temos um risco grande de formar uma parte das gerações com a capacidade apenas de ser reiterativa e não de ser criativa.

Dimenstein – Concordo com essa ideia de que, se não temos um momento de reflexão, não aprendemos. É necessário ter um momento de meditação, de parar para prestar atenção, tanto que o papel do sono é fixar na memória o que se aprendeu. É o que americanos chamam de *popcorn brain* (cérebro de pipoca). Há um risco também de a velocidade do mundo digital ser maior do que a velocidade do mundo real; a consequência, como podemos notar, é que não se tem mais paciência para nada.

Quando queremos tudo no tempo real, presente, deixamos de pensar em coisas que temos que fazer durante muito tempo para atingir um objetivo. Vejo muitos alunos que ainda estão na faculdade, mas que já querem atingir logo seu objetivo. Não têm a paciência de construir o conhecimento.

Ou jovens que mal começam no trabalho e querem ser promovidos logo em seguida. O tempo real causa uma sensação imediata, é quase uma droga.

Cortella – Ele é mais forte do que o *crack* em termos de retorno de satisfação.

Dimenstein – O indivíduo está o tempo todo conectado, então não vê como esperar cinco anos para construir uma casa: "Cinco anos! Não vou ter tempo de esperar". Esperar... as pessoas "não têm tempo" para esperar nada! Essa urgência do tempo real é tirânica.
Não existe nada que alguém possa fazer com profundidade que não exija um esforço num tempo linear. E a linearidade é morosa... Uma carreira demora, acredito, cerca de dez anos para ser construída.

Cortella – Pelo menos dez anos. É interessante porque essa digitalização do mundo, que é absolutamente favorável e encantadora, implica um desses distúrbios. Ao impedir que o indivíduo tenha momentos de repouso para reflexão, ela, além de tudo, é distrativa. Se repararmos bem, quando parte das escolas britânicas colocou computadores em sala de aula, uma parcela delas já os havia retirado. Não porque eles não sirvam como ferramental pedagógico, mas porque a aula, que é toda marcada pelo mundo digital, é distrativa. A sala de aula com uma lousa, por mais que pareça uma ferramenta antiga – e ela o é, embora não signifique que seja velha –, permite, depois que uma palavra é escrita, que se volte e retome determinado ponto, se necessário.

Você tem experiência em Harvard, Gilberto, e eu também. Em boa parte das escolas de Humanidades em Harvard o docente não pode usar nem PowerPoint nem Datashow. Ele é obrigado a usar a lousa ou o retroprojetor, que hoje não precisa mais ser aquele com lâmpada. Por quê? Se o professor usa PowerPoint ou Datashow, a suposição é de que ele não preparou a aula. Afinal, são ferramentas que servem em qualquer lugar e facilitam a distração. Podemos perceber, numa conferência com PowerPoint e Datashow, que nos distraímos facilmente; podemos até usar o celular, nos ocupar com outra atividade, pois, quando voltarmos a prestar atenção, o conteúdo projetado continua ali. É preciso usar caminhos para bloquear isso.

Vou dar um exemplo que é até anedótico. Na era medieval, aquela em que se passa o filme *O nome da Rosa* – século XIII –, como se fazia para que o aluno não se distraísse na leitura de um livro? Os banquinhos na biblioteca onde ele estudava tinham um só pé, igual a banco de ordenha; se ele se distraísse ou cochilasse, desabaria, certo? Era uma forma de manter o aluno atento. E aí o mestre, que ficava lá no fundo olhando, percebia se alguém estava distraído porque caía. Ora, essa é a lógica do "caiu a rede"! De vez em quando é bom que a rede caia. No passado, participei como consultor em algumas das atividades da MTV, e uma das iniciativas mais inteligentes feitas na época foi interromper a programação de vez em quando para exibir um *slide* na tela, durante quatro minutos: "Vá ler um livro". O que isso representava? A interrupção...

Gostaria agora de trabalhar com você, Gilberto, a questão do fluxo contínuo. Você não acha que, às vezes, esse fluxo contínuo é um pouco abafador?

Dimenstein – Isso é um desafio tanto para os meios de comunicação quanto para a escola. Tem muita gente prestando atenção em muita coisa ao mesmo tempo. Quando a pessoa ouve alguém cantando, distingue se é uma dupla ou até um trio. Mas quando é a *Nona Sinfonia* de Beethoven, não consegue distinguir uma voz em meio ao coral.

O que ocorre hoje é que as informações vêm o tempo todo em forma de coral. Isso é um desafio para os meios de comunicação porque o indivíduo não sabe se está lendo a *Folha*, o *Estado*, o *Globo*, se está vendo um vídeo do YouTube... Existe uma dispersão em grande nível. Ao mesmo tempo, o sujeito é tomado por uma série de informações dentro e fora da escola. É daí que vai acontecer uma desmontagem de várias escolas e dos meios de comunicação. É daí que vai surgir o tema desta nossa conversa: em que vale a pena prestar atenção? O que é importante selecionar para ter um respiro e prestar atenção? Esse é o indivíduo do século XXI. Aquele *site* do Cortella sobre filosofia, o do **Drauzio Varella** sobre medicina... é naquilo ali que eu vou prestar atenção.

Esse cérebro acelerado e cheio de informação, em algum momento, vai ter que tomar decisões: qual é o melhor iogurte? Qual o filme do final de semana? A que restaurante ir? Qual roupa comprar? Ou quando o indivíduo tem que comprar um livro, ou escolher uma viagem, ou comprar uma passagem aérea, ou saber qual é o bar a que vai com a namorada... Em algum momento, ele vai ter que tomar uma decisão, e se ela for baseada numa informação errada que tenha recebido, o indivíduo vai reclamar.

Cortella – Essa vida com GPS, em que o tempo todo estão nos dizendo aonde devemos ir, o que comer, o que comprar, é absolutamente hemorrágica em relação ao empoderamento do indivíduo. Precisamos ter o acesso sem ser servos dessa condição. É a capacidade da escola de fazer emergir aquilo a respeito de que falávamos antes sobre o senso crítico e a colocação de um ponto de interrogação após afirmações peremptórias.

Dimenstein – E tudo isso remete a algo que é muito importante do ponto de vista pedagógico: a ideia do brincar. A ideia do brinquedo que não está lá, portanto é necessário criá-lo. Ao mesmo tempo, vejo que as coisas acontecem de maneira estranha... Falamos muito em tempo real, em velocidade, mas eu não me lembro de uma geração em que os mais jovens lessem livros tão grossos quanto os volumes de *Harry Potter*.

Cortella – A minha geração lia sim. Há uma novidade magnífica na área de educação. A geração dos meus pais, que nasceu nos anos 1930, escrevia. Ela escrevia cartas, namorava por cartas, se comunicava pela escrita. A minha geração, que foi a que cresceu nos anos 1960, é aquela que parou parcialmente de escrever e começou a usar o telefone como uma possibilidade de comunicação. A carta existia para o amigo e para a namorada, mas o telefone também vinha ocupando o nosso tempo. A geração dos meus filhos, a dos anos 1990, passou a usar só o telefone e, portanto, não precisava mais escrever. A nova geração, a de hoje, escreve no Twitter, no Facebook, no *blog*... E quem volta a escrever, volta a ler. A pessoa, assim que posta algo, pode ser brindada com um *like* ou com um *unlike*, e pode ser tripudiada por ter escrito alguma palavra de forma errada. Vemos em algumas redes que há uma tensão maior quanto ao modo como a pessoa grafa o idioma ou em relação às ideias que ela expõe. Porque existe aquele crítico de plantão, o idiota da objetividade de que fala **Nelson Rodrigues**, que fica ali aguardando para fazer algum comentário maldoso.

Quando você diz, Gilberto: "A minha geração leu livros volumosos", posso lhe dizer que eu senti essa mudança há uns 30 anos, quando fui a uma livraria com a minha filha pequena. Tínhamos que comprar um livro que a professora lhe havia indicado. Quando a atendente o trouxe, fiquei muito decepcionado porque ele tinha apenas 40 páginas, mas minha filha sentiu uma alegria imensa exatamente por esse motivo. Uma das coisas que eu mais quis na vida era livro grande. Essa nova geração, você lembrou bem, se interessa por livros, sejam aqueles ligados à sexualidade abafada – os vampiros –, sejam os ligados ao mundo da fantasia; e, de fato, muitas vezes além de grandes, também se dividem em vários volumes. Se a escola não prestar atenção nisso, ela fica anacrônica, fora do tempo, sem dúvida. Aliás, eu queria lembrar: por que o jovem gosta desse tipo de leitura? Porque aquilo o emociona. Só fazemos coisas que nos emocionam. Em latim, *emovere* significa "aquilo que mexe com você". O que mexe com o aluno hoje? O que mexe com uma pessoa? O que a faz se emocionar? Se não conseguirmos criar pontes, não vamos chegar ao outro.

Dimenstein – A escola que consegue emocionar é aquela na qual o conhecimento faz sentido para o aluno e ele é coautor e participa dele. O que cria, realmente, o sistema de curadoria nas escolas? É o fato de elas serem centros de experiências e curiosidades e onde, ao contrário dessa história do currículo, existe uma outra forma especial de criatividade, que chamo de *serendipity*. Consiste em o aluno se abrir para o mundo e para o aprendizado, para a experiência, enfim, para o conhecimento fértil, que tem essas contradições de que eu estava falando.

É verdade que tem muita coisa do massificado, mas nunca as pessoas falaram tanto do artesanal e do orgânico. Existe o Twitter, mas tem também o livro grosso.

Cortella – E o mesmo indivíduo que usa 140 caracteres para escrever lê um livro de 300 páginas.

Dimenstein – O que está acontecendo aqui é a criação de uma espécie de artesanato educativo em que, graças às tecnologias, o professor vai ser aquele mestre dos filhos dos imperadores.

Cortella – Vai ser o preceptor.

Dimenstein – Porque hoje o mundo todo é customizado. Considere a comunicação. Se eu buscar alguma informação sobre impotência sexual na internet, um milionésimo de segundo depois – não estou exagerando – vou ter em minha plataforma alguém me oferecendo algo referente à pesquisa que fiz, e vou receber esse tipo de oferta até o fim da minha vida. Se eu fizer uma pesquisa sobre Nova York, alguma agência de viagens logo me oferece uma passagem para lá. Quando recebo uma notícia no meu *feed* do Facebook, essa rede já sabe que gosto de futebol; então, vai me mandar outras notícias sobre o tema. Portanto, há uma customização personalizada, que é só para a pessoa que está em processo de pesquisa. A educação também está sendo customizada. Por que eu preciso aprender no mesmo ritmo que as outras pessoas, no mesmo tempo e o mesmo conteúdo? Quem me disse que se eu aprender aqui ou ali vai fazer muita diferença no futuro? Não vai fazer diferença.

Cortella – A proposta de ciclos nas redes de ensino públicas é polêmica em várias situações. Fico à vontade para falar sobre isso porque fui o primeiro secretário a implantar o ciclo em larga escala. Paulo Freire havia organizado a primeira equipe, mas fui eu, em 1992, em minha gestão, que o pus em prática. Não era como hoje, essa política do "passa fácil", mas tratava-se de uma estrutura de ciclos. Onde aprendemos a eficácia dos ciclos, que funcionam em vários países? Basta olharmos a escola inglesa, a escola alemã... Aprendemos a eficácia dos ciclos na educação infantil, pela ausência, nessa fase, de uma seriação obrigatória. E podemos notar o que acontece com uma criança com três anos antes, agora quatro; ela nada sabia nesse ano de convivência e, com cinco anos, desabrocha. Se tivesse ficado retida aos quatro anos por causa daquele conteúdo, seria uma perda histórica. Ao passar de ano, com cinco, ela conseguiu, em razão da vivência, da relação, da rede que estruturou, outra percepção.

É um tipo de desenjaulamento da organização escolar – tirar da jaula mesmo, fazer que currículo não seja grade, para usar uma brincadeira antiga que **Rubem Alves** fazia. Ele dizia algo mais ou menos assim: "Não é à toa que se chama grade curricular e que quem cuida de escola se chama delegacia"...

Portanto, esse desenjaulamento da escola permite que sejamos capazes de ir estilhaçando as paredes e de criar algo no campo da estrutura – mais aberta até – e com múltiplas ferramentas. Quem imaginaria que o rádio ia ser um veículo de potência de mídia hoje? Pensava-se, na verdade, que o aparecimento do cinema fosse sepultar o teatro e o circo, que a TV fosse sepultar o cinema, e que a internet fosse sepultar o rádio, a TV e tudo o mais. Ao contrário, essa convivência paralela, essas várias dimensões de convivência não se anulam, antes enriquecem. É incrível. Por exemplo, nós dois, Gilberto, fazemos rádio e o nosso alcance é altíssimo.

Dimenstein – Porque ao ouvir rádio, por exemplo quando está dirigindo, o indivíduo fica concentrado em você; no trânsito e em você.

Cortella – E as metrópoles produziram um fato curioso: os adultos que nelas vivem passam mais tempo ouvindo rádio do que assistindo à televisão. Contrapontos são decisivos.

Dimenstein – Podemos observar o seguinte: dizem que as pessoas do mundo digital não saem de casa. Não é nada disso. As baladas nunca estiveram tão cheias, as festas nunca foram tão lotadas, as pessoas nunca como hoje gostaram tanto de ir para a rua.

Cortella – Aliás, a televisão está sendo derrubada em nível de audiência não porque as pessoas a estejam substituindo por outras formas de mídia, mas porque elas a estão substituindo pela rua.

Dimenstein – Porque sempre que elas têm dinheiro, vão para a rua, não ficam em casa.

Cortella – E o que tem na rua? Gente, comunicação.

Dimenstein – As cidades são eixos comunicativos – esse é o ponto central. A cidadania é um eixo comunicativo. Então, tudo isso vai se juntar num único eixo. Quanto mais comunicação qualificada tem o indivíduo, mais ela se transforma em informação e conhecimento e mais ele tem empoderamento da cidadania.

Cortella – E isso nos chama a atenção para as crianças em situação de risco, fato bastante grave no nosso país ainda: não temos que tirar as crianças da rua e levá-las para a escola; temos sim que levar a rua para dentro da escola, levar aquilo que elas vivenciam no cotidiano, de maneira que possamos oferecer-lhes algo que as emocione. E também isso é uma expressão de cidadania.

Gostei tanto da ideia de curadoria que fico imaginando que um presidente da República precisa ser um curador social. Ele cuida para pôr à disposição.

Dimenstein – Um formador de opinião.

Cortella – Exatamente.

Dimenstein – Já vemos algumas estruturas em processo de transformação. Se analisarmos os currículos de Harvard, do MIT, de Stanford, vamos perceber que estão todos mudando para que se trabalhe como no campo das evidências da medicina. Uma área com pouca evidência é a da educação. Há discussões da neurociência, discussões da psicologia, e o importante é juntar esses conhecimentos.

Existe uma escola que já está funcionando e que é muito estranha, chamada Minerva. Os alunos ingressam nessa escola e ficam seis meses em São Francisco, seis meses em Dubai, seis meses em Berlim e vão mudando todos juntos, numa vivência comum. O curso dura quatro anos, sendo seis meses em cada cidade. Os professores são locais, mas dão aula *online*. Porque o mais importante na faculdade, tão importante quanto o professor, é o dormitório. Não existe assistência docente no dormitório. Se considerarmos as grandes invenções dos estudantes, veremos que elas foram feitas na sala de aula, mas sobretudo quando o garoto voltou para o dormitório e se sentou com os amigos para criar... Ou seja, a convivência é o sistema de comunicação. A comunicação perfeita é a da proximidade.

Um trabalho realizado em Harvard reuniu as 100 mais importantes inovações feitas no campo da saúde pública na medicina daquela instituição. Para termos uma ideia do que é

Harvard, o primeiro teste de anestesia foi realizado lá por um dentista que, por sinal, se matou porque não deu certo. E o que os pesquisadores notaram? Que quanto mais as pessoas tinham proximidade umas das outras, mais inovador era o projeto. E quanto mais diversidade havia no grupo daquela invenção, mais inovador era o projeto. Portanto, a mistura de proximidade com diversidade era o que gerava inovação. Ou seja, os sistemas mais complexos de comunicação são os interpessoais. Para problemas complicados, é necessário ter muita proximidade. É por isso, Cortella, que, por mais complexas que sejam as redes sociais e a tecnologia, é o professor que tem o sistema de interatividade mais sofisticado, porque o olho humano é capaz de perceber coisas que um computador não consegue.

Cortella – E não só interpessoal, Gilberto, mas também intergeracional.

Um dos aspectos que a escola precisa, aos poucos, ir alterando, é a estrutura de organização que hoje é feita por faixa etária. Existem políticas públicas focadas no reposicionamento das faixas etárias de maneira que não haja nenhum tipo de desequilíbrio de crianças com 10, 11, 12 anos. Isso, sem dúvida, porque cumpre uma parte da psicologia do desenvolvimento. Mas há um outro lado da questão que é a capacidade de criar circunstâncias de mescla das faixas etárias sem colocar em risco a segurança das crianças, mas possibilitando essa diversidade.

Em relação a adultos, isso é decisivo. As empresas que têm projetos mais inteligentes são aquelas cujas equipes são multigeracionais. Onde um menino de 20 anos, que não tem medo de errar, que é capaz de pegar um aparelho eletrônico e apertar todos os botões – eu não o faria porque penso que vou fazer errado –, trabalha com uma pessoa como eu, que, por ter mais idade, possui a virtude da paciência. E paciência não é lerdeza. Eu acredito que não há mal que sempre dure nem bem que nunca se acabe, então sossegue aí! Essa lógica do misto de gerações permite que tenhamos um ganho nessa condição. Acho absolutamente horroroso quando gerações com mais idade são capazes de desprezar as novas gerações na suposição de que nada sabem. Isso é uma perda imensa. A diversidade geracional é um patrimônio, não um encargo. Ela permite esse estar junto na diversidade.

Dimenstein – Tanto que as empresas mais sofisticadas criam sistemas de comunicação interna.

"O que importa é saber o que importa"

Dimenstein – Para encerrar nossa conversa, Cortella, eu queria voltar à questão da cidadania e do empoderamento da comunicação.

A história da cidadania é a história do empoderamento. Hoje, se alguém fizer uma piada sobre negro, ou uma piada sobre mulher, pode se meter em uma grande confusão. E há outras conquistas, algumas já há algum tempo, por exemplo, a preservação da natureza como elemento da cidadania, ou a ideia de abrir espaços para pessoas com deficiência, que já soma 30 anos. Portanto, a história do empoderamento, a história da comunicação é a história da cidadania.

Cortella – E é claro que a ideia de comunicação, nessa trajetória que você descreve, é a do vir à tona com o estar presente. É sair do armário em vários grupos – e sair do armário é comunicar-se, estar com outros. É quando saio de casa, vou para a rua e digo: "Eu sou homossexual"; "Eu sou mulher"; "Eu sou religioso"; "Eu sou ateu"; "Eu sou...". Quando me mostro e, portanto, não temo me comunicar com outras pessoas, ganho mais forças. E se nós nos juntarmos, ficaremos mais fortes ainda, tanto que hoje há uma comunidade *gay* que tem um poder muito superior a outras comunidades que também são objeto de discriminação no dia a dia, mas que parece majoritária porque seus membros conseguiram se organizar de um modo que, indo para a rua, discutindo, acionando o Judiciário, acabaram provocando ruído. Som e fúria.

Dimenstein – Podemos considerar outros lados da comunicação. Muito da corrupção que se tem hoje deriva da comunicação pela facilidade de captar as informações onde estão armazenadas e de divulgá-las. Porque houve um tempo em que não se tinha acesso à informação, ela estava trancada numa gaveta. Agora, ela circula por aí, está no computador.

Cortella – Sendo o governo que fui também, posso afirmar que temos menos corrupção hoje, neste nosso contemporâneo dos últimos 30 anos, do que anteriormente. A diferença é que agora temos imprensa livre, plataformas digitais que permitem transparência e acesso, e uma recusa maior à corrupção. Do mesmo modo, nós temos menos violência hoje na história humana do que tivemos antes. Agora, há mais notícias sobre violência e maior rejeição a ela.

Dimenstein – Se compararmos o século XXI com o XX, vivemos no paraíso.

Cortella – Pelo menos nestes primeiros 15 anos...

Dimenstein – As duas Guerras Mundiais, a Revolução Chinesa, a Revolução Russa, as guerras de libertação da África, as guerras da Ásia...

Podemos ver como as empresas estão pressionadas pela comunicação. O indivíduo compra um produto que se mostra ruim, coloca no Facebook e, assim, a notícia se espalha. O político agiu de modo escuso? A notícia se espalha. É este mundo que estamos vivenciando.

Cortella – Acho que estamos vivenciando aquilo que seria mesmo o prognóstico da hipertextualidade. Isto é, uma coisa leva à outra. Eu começo num ponto e, como posso me conectar com outros, vou abrindo portas. Eu nunca vi tanta gente dizendo que se interessa por filosofia como neste momento. E a pessoa chegou à filosofia via um *site*, um *blog*, um filme sobre culinária ou sobre o time de futebol para o qual torce; e como ela vai produzindo interfaces nessa comunicação, chega uma hora em que depara com um material de filosofia, se interessa e mergulha nela.

Dimenstein – Assim você comprova o que estamos conversando aqui. O que mais sintetiza a história do conhecimento para nos ajudar a nos posicionarmos na vida do que a filosofia? Não é a medicina, nem a sociologia. "Veja, tem tantas coisas ali, eu queria saber quais são os meus valores, quais são os meus princípios, qual a relação com o prazer e com a dor..." E a filosofia é, maldizendo, a lista do conhecimento da humanidade. Não existem aquelas "10 melhores"? Você quer saber o que é epicurismo, o que isso tem a ver com a sua vida?

Você quer saber a sua relação com a morte, a sua relação com o sucesso? Quem é que dá isso? Quem sintetiza?

Cortella – **Bertrand Russell**, aliás um grande ateu e um grande pensador da matemática e da história, pacifista estupendo, chamava a filosofia de *ciência dos resíduos*. Por quê? Mal o conhecimento da filosofia se torna algo objetivo e preciso, perde o nome de filosofia. Isso aconteceu com a física, com a química, com a antropologia, com a psicologia. É só ganhar uma especificidade e já perde o nome de filosofia. O que sobra é filosofia, a ciência dos resíduos.

Dimenstein – Você sabe que uma vez vi uma frase de **Mark Twain** que me chamou a atenção e nunca mais esqueci: "Os dois dias mais importantes da sua vida são: o dia em que você nasce e o dia em que você descobre o porquê". Se isso for verdade, é a filosofia que vai lhe dar essa segunda resposta. Porque a vida não tem sentido; somos nós que damos sentido a ela.

Cortella – Sim, nós construímos.

Dimenstein – Se não somos pessoas muito religiosas, que acham que a vida é planejada, ela não tem sentido. Mas podemos dar sentido para a vida, somos nós que colocamos sentido nela. Isso é que é filosofia. A vida tem tanta coisa... O que é relevante?

Certa vez, quando criança, estava na praia e uma menina meio *hippie* escreveu na areia uma frase que nunca mais esqueci: "O que importa é saber o que importa". Anos depois, fui saber de algo genial – não sei se é verdade, mas, se for... Sabemos que o jornalismo é uma profissão recente; antigamente era bico. O que fazia o indivíduo que se dedicava a ela? Trocava seu serviço por geladeira, fazia escambo. Não ganhava dinheiro. O jornalista que queria ganhar dinheiro ou era mal-intencionado ou mal-informado. Não era uma profissão que rendia dinheiro. Como os músicos, cuja profissão não era valorizada. Então, nessa época do jornalismo como bico, o Guimarães Rosa recebeu uma proposta que lhe permitiria ganhar uma fortuna para escrever uma coluna no *Globo*, algo inédito na época. E Guimarães topou: fez um mês, dois e depois abandonou. Ele deixou um baita emprego! E disse: "Sabe o que é? Eu não consigo escrever na areia".

Cortella – Que cara genial!

Dimenstein – "Eu não consigo escrever na areia." E, hoje, o mundo das mídias sociais equivale a escrever na areia em dia de tempestade.

Cortella – Mas só fica o que importa.

Dimenstein – Inclusive na Índia, para trabalhar o analfabetismo e a autoestima, as crianças não escreviam nos livros porque, conforme iam aprendendo, ficava feio. Então, se fazia um quadrado na areia.

Cortella – Tenho feito uma afirmação que, às vezes, parece até óbvia, mas dando o passo seguinte, talvez não: todo ser humano sempre viveu na época contemporânea, sem exceção. Portanto, somos todos contemporâneos, em qualquer idade. Mas não somos contemporâneos do mesmo jeito. E é essa diversidade da nossa contemporaneidade que provoca colisões em relação aos modos de comunicação, educação e convivência. Afinal, sou contemporâneo de um menino de 16 anos. Mas não sou contemporâneo do mesmo modo que ele. A minha contemporaneidade tem uma história anterior em que a ideia da proximidade era decisiva para a comunicação – mas uma proximidade física. Por exemplo, a minha contemporaneidade acha absolutamente estranho que alguém, estando no quarto ao lado, fale comigo pelo WhatsApp. Eu quase beiro a violência diante de uma situação como essa. Obviamente, para um menino que conversa com o irmão que está no banco de trás do carro, os dois sentados, um dialogando com o outro pelo WhatsApp, joelho com joelho, é estranho que alguém precise se levantar para falar com outra pessoa. Como lidamos com essa divergência? Buscando encontrar os pontos de convergência. O que ele quer com o irmão ao lado? Comunicação. O que eu quero quando me levanto? Comunicação. Não quero ficar isolado. Não é à toa que a mais bela cena, para mim, do cinema, porque retoma **Michelangelo**, é o E.T.* com o menino que dele cuida, que é o seu curador enquanto ele estava ali. Porque aquilo é expressão humana! É o teto da Capela Sistina levado para as telas. A ideia é que, se Deus não tem Adão para se comunicar, a solidão é infinita. Assim como no *Grande sertão*, tem que haver veredas. E a comunicação são as nossas veredas.

---

* *E.T., o extraterrestre*, direção de Steven Spielberg, 1982. (N.E.)

Glossário

Alves, Rubem (1933-2014): Teólogo, educador, psicanalista e escritor, publicou numerosos livros sobre educação, espiritualidade e questões existenciais, além de obras voltadas para o público infantojuvenil. De escrita simples e frases curtas, seus livros foram traduzidos em várias línguas. É autor de *A escola com que sempre sonhei sem imaginar que pudesse existir* (2001), *Por uma educação romântica* (2002) e *Lições do velho professor* (2013), entre outros.

Aristóteles (384-322 a.C.): Filósofo grego, figura ao lado de Sócrates e Platão entre os expoentes que mais influenciaram o pensamento ocidental. Defendia a busca da realidade pela experiência e deixou um importante legado nas áreas de lógica, física, metafísica, ética e moral, além de poesia e retórica.

Borges, Jorge Luis (1899-1986): Escritor, tradutor, crítico e ensaísta argentino mundialmente famoso por seus contos fantásticos. Em sua obra encontra-se uma mescla de temas relacionados a filosofia, história, metafísica, mitologia e teologia. Entre as imagens recorrentes estão o espelho, o labirinto e o tempo. Alguns de seus livros mais conhecidos são *História universal da infâmia*, *Ficções*, *O aleph* e *O livro de areia*.

Brizola, Leonel de Moura (1922-2004): Líder socialista, um dos políticos mais populares e polêmicos do Brasil, lançado na vida pública por Getúlio Vargas. Foi governador do Rio Grande do Sul e do Rio de Janeiro. Por duas vezes foi candidato a presidente do

Brasil pelo PDT, partido que fundou em 1980, mas não conseguiu se eleger. Morreu aos 82 anos de idade, vítima de problemas cardíacos.

Brossard, Paulo (1924-2015): Foi um político brasileiro caracterizado pela intensa defesa do parlamentarismo. Formado em Direito pela PUCRS, foi agropecuarista, jurista e professor universitário antes de optar pela carreira pública, na qual exerceu funções como deputado, senador, ministro da Justiça e ministro do Supremo Tribunal.

Bruno, Giordano (1548-1600): Filósofo do Renascimento italiano, tinha grande interesse por livros proibidos e defendia a teoria do heliocentrismo, que coloca o Sol (e não a Terra) como o ponto central do Universo. Suas ideias sobre a infinitude do Universo e a metafísica de Deus foram consideradas heréticas e proibidas. Foi condenado à morte na fogueira pela Inquisição.

Bündchen, Gisele (1980): Modelo brasileira que conquistou fama internacional, tem uma carreira sólida e está entre as principais celebridades artísticas do mundo.

Bush (pai), George H.W. (1924): Oriundo de uma família de políticos, foi presidente dos Estados Unidos entre 1989 e 1993. Pai do também ex-presidente estadunidense George W. Bush, com mandatos de 2001 a 2009.

Bush, George W. (1946): Político norte-americano do Partido Republicano, foi presidente do país por dois mandatos consecutivos, de 2001 a 2009. Durante seu primeiro mandato, ocorreu o atentando terrorista de 11/9/2001 e, ao final do segundo, ele enfrentou uma crise econômica que seria considerada a mais grave das últimas décadas.

Calheiros, Renan (1955): Político brasileiro filiado ao Partido do Movimento Democrático Brasileiro (PMDB), ocupa há mandatos consecutivos desde 1995 o cargo de senador, sendo o atual presidente do Senado.

Cardoso, Fernando Henrique (1931): Ex-presidente do Brasil, com mandatos de 1995 a 2002, é um dos principais representantes do Partido da Social Democracia Brasileira (PSDB). Oriundo de tradicional família de militares, formou-se em Ciências Sociais pela USP, onde lecionou antes de optar pela carreira política.

Carter, Jimmy (1924): Ex-presidente dos Estados Unidos, com mandato entre 1977 e 1981, notabilizou-se pela defesa de causas humanitárias e pela ênfase na ecologia. Em 2002 foi contemplado com o prêmio Nobel da Paz. Atua como chanceler norte-americano em negociações de paz envolvendo regiões hostis, como o Oriente Médio.

Clinton, Bill (1946): Ex-presidente norte-americano, com mandatos entre 1993 e 2001, Willian Jefferson Clinton participou das definições dos novos rumos do país depois do fim da guerra fria. É casado com outra importante figura política estadunidense, Hillary Clinton, que foi secretária de Estado (2009-2013) e senadora por Nova York (2001-2009).

Collor de Mello, Fernando (1949): Primeiro presidente eleito do Brasil por voto direto após o regime militar. Renunciou ao cargo em 1992, depois de várias denúncias de corrupção, na tentativa de evitar seu *impeachment*. Mesmo assim, teve seus direitos políticos cassados por oito anos.

Covas, Mário (1930-2001): Natural de Santos (SP), formou-se engenheiro civil pela Escola Politécnica da USP, onde iniciou sua militância política. Foi deputado federal, senador, prefeito da capital paulista e governador do estado de São Paulo.

Cruz, Oswaldo (1872-1917): Médico e sanitarista brasileiro, publicou importantes estudos nas áreas de microbiologia e bacteriologia. Teve papel de destaque no enfrentamento da peste bubônica e também na campanha de vacinação contra a varíola. O Instituto Oswaldo Cruz, um dos mais importantes centros brasileiros de pesquisas médicas, foi batizado em sua homenagem.

Cunha, Eduardo (1958): Parlamentar brasileiro, é o atual presidente da Câmara dos Deputados. Formado em Economia pela Universidade Cândido Mendes, foi radialista e o executivo responsável pela implementação da telefonia celular no país antes de iniciar a carreira política.

De Gaulle, Charles (1890-1970): Foi presidente da França entre 1959 e 1969, tendo sido general das Forças Francesas Livres durante a Segunda Guerra Mundial, com papel de destaque na recuperação da democracia daquele país na década de 1950. Suas ideias políticas ficaram conhecidas como gaullismo e ainda têm forte influência sobre os estudos políticos contemporâneos.

Espinosa, Baruch (1632-1677): Filósofo holandês considerado um dos pensadores da linha racionalista, da qual faziam parte Leibniz e Descartes, viveu em época de grande crescimento econômico na Holanda. Suas ideias, porém, foram vistas como nocivas por teólogos. Acusado de herege, foi expulso da sinagoga de Amsterdã e deserdado pela família.

Fernandes, Florestan (1920-1995): Um dos nomes mais influentes da sociologia brasileira, foi professor da USP e da PUC-SP, além de lecionar nas universidades americanas de Columbia e Yale e na Universidade de Toronto, no Canadá. Teve forte atuação política, com dois mandatos como deputado federal (1987-1994), durante os quais atuou em defesa da escola pública e realizou exames críticos ao projeto de Lei de Diretrizes e Bases da Educação Nacional.

Fleming, Alexander (1881-1955): Bacteriologista escocês, ganhou o prêmio Nobel de Medicina em 1945 pela descoberta das propriedades bactericidas do fungo *Penicillium notatum* e pela sintetização da penicilina.

Freire, Paulo (1921-1997): Educador brasileiro, um dos mais importantes pedagogos do século XX, mostrou um novo caminho para a relação entre professores e alunos. Suas ideias continuam influenciando educadores em todo o mundo. Entre suas obras estão *Educação como prática da liberdade* (1967), *Pedagogia do oprimido* (1970) e *Pedagogia da autonomia* (1997).

Frias Filho, Otavio (1957): Jornalista brasileiro, formado em Direito e pós-graduado em Ciências Sociais pela USP. Atua na *Folha de S.Paulo* desde 1975, sendo o responsável pela direção editorial do jornal desde 1984.

Galilei, Galileu (1564-1642): Físico e astrônomo italiano, abandonou o curso de Medicina na Universidade de Pisa para dedicar-se aos estudos de matemática, geometria e física e à observação do firmamento. Pôs em xeque os métodos de pesquisa universitária de seu tempo, entrando para a história como um divisor de águas no pensamento científico, por suas descobertas –

defesa do heliocentrismo – e propostas para uma nova metodologia científica – laicização do saber acadêmico.

Gandhi, Mahatma (1869-1948): Estadista indiano e líder espiritual, dedicou-se a lutar contra a opressão e a discriminação colonialista britânica. Desenvolveu a política da resistência passiva e da não violência. Liderou o movimento pela independência da Índia em 1947, mas acabou assassinado por um antigo seguidor.

Gates, Bill (1955): Programador, executivo e filantropo, William Henry Gates III é um dos fundadores da Microsoft. Em 1980, revendeu à IBM o sistema operacional MS-DOS, que foi o ponto de partida para democratizar o computador pessoal (PC) em todo o mundo. Mais tarde desenvolveria o Windows, um dos sistemas operacionais mais utilizados ao redor do globo.

Goethe, Johann Wolfgang von (1749-1832): Poeta, dramaturgo e ensaísta, é um dos nomes mais importantes da literatura alemã. Seu trabalho é reflexo do desenvolvimento das observações que colheu ao longo da vida, marcada por sofrimento, tragédia, ironia e humor. *Fausto*, livro escrito a partir de 1774 e concluído em 1831, é sua obra-prima.

Groisman, Serginho (1950): Jornalista brasileiro e apresentador de televisão, é bastante conhecido pelos programas voltados ao público jovem. Atualmente apresenta o *Altas Horas*, exibido pela Rede Globo.

Guimarães, Ulysses (1916-1992): Foi eleito onze vezes deputado federal, tendo sido um dos ícones do combate à Ditadura Militar e um dos idealizadores das Diretas Já. Formado em Direito pela

USP, participou ativamente do processo de redemocratização nacional.

Guimarães Rosa, João (1908-1967): Ficcionista e diplomata brasileiro, tornou-se conhecido como escritor a partir da publicação de *Sagarana* em 1937. Seu trabalho é marcado pela invenção e pela inovação vocabular. Entre suas obras destacam-se *Grande sertão: Veredas* (1956) e *Primeiras estórias* (1952).

Gutenberg, Johannes (1400-1468): Mestre gráfico alemão, foi pioneiro no campo da imprensa gráfica. Dedicou-se à fabricação de caracteres móveis, inventando a tipografia. O primeiro livro impresso por Gutenberg foi a *Bíblia*, com uma tiragem de 180 exemplares.

Heráclito (550-480 a.C.): Filósofo grego, sua filosofia baseia-se na tese de que o Universo é uma eterna transformação, onde os contrários se equilibram. Considerado o "pai da dialética", formulou o problema da unidade permanente do ser diante da pluralidade e mutabilidade das coisas transitórias.

Jolie, Angelina (1975): É uma das mais conhecidas atrizes norte-americanas da atualidade, casada com o também ator Brad Pitt. Embaixadora da ONU, ela promove e financia ações humanitárias em favor de refugiados do mundo todo, especialmente comunidades desabrigadas por conta de conflitos políticos e de desastres naturais.

Khan, Salman (1976): É um matemático e engenheiro de informática norte-americano de ascendência indiana. Foi o idealizador do programa educacional Khan Academy, uma *startup* voltada à democratização do ensino em nível global e cujo lema é o seguinte: "Você só precisa saber uma coisa: você pode aprender qualquer coisa. Gratuitamente. Para todos. Sempre".

Lispector, Clarice (1925-1977): Escritora nascida na Ucrânia que se fixou no Brasil. Em sua obra predominam a introspecção e os conflitos psicológicos. É autora de *Laços de família* (1960), *A legião estrangeira* (1964) e *A hora da estrela* (1977), entre outros livros.

"Lula" da Silva, Luís Inácio (1945): Ex-presidente do Brasil, com mandatos de 2003 a 2010, iniciou a carreira política como representante sindical, sendo o cofundador do Partido dos Trabalhadores (PT).

Luther King, Martin (1929-1968): Pastor batista norte-americano e líder de movimentos pelos direitos civis dos negros. Organizou, em 1963, uma marcha pacífica que contou com a participação de 200 mil pessoas. Ganhou o prêmio Nobel da Paz em 1964. Foi assassinado na cidade de Memphis (EUA), em 14 de abril de 1968.

Mandela, Nelson (1918-2013): Advogado, ex-presidente da África do Sul, ativista e guerrilheiro, foi o principal representante do movimento antiapartheid.

Marx, Karl (1818-1883): Cientista social, filósofo e revolucionário alemão, participou ativamente de movimentos socialistas. Seus estudos resultaram na obra *O capital* (1867), que exerceu e ainda exerce grande influência sobre o pensamento político e social no mundo todo.

McLuhan, Herbert Marshall (1911-1980): Sociólogo e ensaísta canadense que se dedicou a estudar os meios de comunicação, autodenominando-se "filósofo das comunicações". Para McLuhan, o meio (ou veículo) que transmite a mensagem é mais relevante que seu conteúdo ("o meio é a mensagem"). Por volta dos anos 1960, muito antes da difusão da internet, já afirmava que o mundo se tornaria uma "aldeia global", em que distância e tempo seriam suprimidos.

Michelangelo (1475-1574): Pintor e escultor italiano, até hoje é considerado um dos mais talentosos artistas plásticos de todos os tempos, como outros de sua época, entre eles, Leonardo da Vinci, Rafael e Giotto. Entre 1508 e 1512 pintou o teto da Capela Sistina no Vaticano.

Montoro, André Franco (1916-1999): Político brasileiro, foi uma das principais lideranças na luta pela redemocratização do país e pelas eleições diretas para presidente da República no início da década de 1980. Formado em Direito, Filosofia e Pedagogia, foi professor universitário, secretário-geral do Serviço Social da Secretaria de Justiça do estado de São Paulo e procurador do estado. Em sua carreira política, ocupou os cargos de vereador, deputado estadual e federal e depois senador, até chegar ao governo de São Paulo (1983-1987).

Neves, Aécio (1960): Político brasileiro filiado ao Partido da Social Democracia Brasileira (PSDB), neto de Tancredo Neves, foi governador de Minas Gerais (2003-2010) e ocupa o cargo de senador desde 2011. Graduado em Economia pela PUC-Minas, candidatou-se à presidência do Brasil nas eleições de 2014.

Nixon, Richard (1913-1994): Foi presidente dos Estados Unidos entre 1969 e 1974, com ações importantes como o encerramento da Guerra do Vietnã e o fim da obrigatoriedade do serviço militar.

Contudo, foi levado a abdicar do cargo devido a sua participação no escandaloso caso Watergate, que trouxe a público uma rede de espionagem formada para sabotar a campanha do partido de oposição.

Ockham, William (1285-1347): Foi um padre franciscano inglês medieval com ideias filosóficas e teológicas bastante controversas. Defendia a separação entre razão e fé – e, portanto, o afastamento entre os princípios da Igreja e os estudos acadêmicos – e era entusiasta das descobertas científicas que antecederam o Renascimento. Ficou conhecido pela ideia da "navalha de Ockham", que prescreve a economia de elementos na descrição de uma ideia, sem redundâncias. Mantido preso sob acusações de heresia, foi acometido pela peste negra.

Pessoa, Fernando (1888-1935): Considerado o poeta de língua portuguesa mais importante do século XX, usava diferentes heterônimos para assinar sua obra. Os mais conhecidos são Alberto Caeiro, Álvaro de Campos e Ricardo Reis, cada um com estilo e visão de mundo diferentes. Sua única obra publicada em vida foi *Mensagem* (1934).

Pitágoras: Filósofo e matemático grego, acredita-se que tenha nascido por volta do primeiro quarto do século VI a.C., vindo a falecer ao final do mesmo século. Uma das contribuições mais importantes da escola que leva seu nome deu-se no campo da geometria, com o Teorema de Pitágoras. Com ele, pode-se descobrir a medida de um lado de um triângulo reto a partir da medida de seus dois outros lados ("a soma dos quadrados dos catetos é igual ao quadrado da hipotenusa").

Prometeu: Personagem da mitologia grega, é o titã que roubou o fogo divino e entregou aos humanos, contrariando a vontade de Zeus de vetar o dom da inteligência (poder de raciocinar) aos mortais. Como castigo, ele foi acorrentado no alto de um monte onde uma ave lhe bicava o fígado; sendo imortal, o fígado se regenerava, de modo que todos os dias ele passava pelo mesmo sofrimento. A ideia da taça olímpica foi inspirada no mito de Prometeu e conota a ideia de passar adiante a possibilidade de superação humana.

Quadros, Jânio (1917-1992): Foi presidente do Brasil entre janeiro e agosto de 1961, tendo depois disso renunciado ao cargo. Sua campanha política voltada à aproximação com as classes populares e o *slogan* "Varre, varre vassourinha; varre, varre a bandalheira", que prometia acabar com a corrupção, causou mobilização popular e ele ganhou as eleições com expressiva quantidade de votos. Contudo, a crise financeira se intensificou durante seu mandato, sua política externa de reaproximação com países comunistas desagradou aos conservadores e ele tomou medidas polêmicas e de pouca relevância política, como a proibição do uso de biquínis nas praias. Poucos meses depois de eleito, apresentou a sua carta de renúncia ao Congresso Nacional.

Reston, James (1909-1995): Influente jornalista norte-americano, esteve por muito tempo associado ao *New York Times*. Entre as décadas de 1950 e 1980 tornou-se o principal comentador político da imprensa americana, lido por políticos e diplomatas.

Ribeiro, Darcy (1922-1997): Antropólogo, educador e escritor brasileiro, dedicou-se à educação. Foi nomeado ministro da Educação e Cultura em 1961. Organizou a Universidade de Brasília, da qual foi reitor. Chefe da Casa Civil no governo de João Goulart, teve seus direitos políticos cassados pelo golpe de 1964 e foi exilado. Regressou ao Brasil em 1976.

Rodrigues, Nelson (1912-1980): Jornalista e dramaturgo, é considerado por alguns como a mais revolucionária figura do teatro brasileiro. Seus textos eram permeados de incestos, crimes e suicídios. Entre suas peças, destacam-se *Vestido de noiva* e *Toda nudez será castigada*.

Rousseff, Dilma (1947): Presidente do Brasil, com o primeiro mandato entre 2011 e 2014 e o segundo iniciado em 2015, é filiada ao Partido dos Trabalhadores (PT), dando sequência a uma política de governo iniciada pelo ex-presidente Lula em 2003.

Russell, Bertrand (1872-1970): Matemático e filósofo britânico, foi um dos mais influentes pensadores do século XX, conhecido por suas campanhas a favor da paz e do desarmamento. Crítico das instituições sociais opressoras, participou ativamente de movimentos pela defesa da liberdade humana. Recebeu o prêmio Nobel de Literatura em 1950.

Sócrates (470-399 a.C.): Filósofo grego, não deixou obra escrita. Seus ensinamentos são conhecidos por fontes indiretas. Praticava filosofia pelo método dialético, propondo questões acerca de vários assuntos.

Twain, Mark (1835-1910): Pseudônimo de Samuel Langhorne Clemens, passou a infância às margens do rio Mississipi. Perdeu o pai aos 12 anos quando começou a trabalhar para ajudar nas despesas de casa. Aos 13 anos tornou-se aprendiz de tipografia e, depois, trabalhando como impressor, viajou por diversos estados. Aprendeu navegação e tornou-se piloto fluvial. Foi nessa época que começou a escrever textos de humor e adotou o pseudônimo pelo qual é conhecido mundialmente. Sua obra-prima, *As aventuras de Huckleberry Finn*, foi publicada em 1884. Livro tido como uma obra para jovens, constituía na realidade uma fábula da América que se urbanizava e industrializava.

Varella, Drauzio (1943): Médico cancerologista formado pela USP, lecionou em várias universidades e dirigiu por muitos anos o serviço de imunologia do Hospital do Câncer de São Paulo. É conhecido por importantes campanhas públicas de prevenção de doenças, como a Aids e as provocadas pelo tabagismo.

Vargas, Getúlio (1882-1954): Político brasileiro que por mais tempo exerceu a presidência da República. Assumiu o Governo Provisório após comandar a Revolução de 1930; em 1934 foi eleito presidente da República pela assembleia constituinte, cargo no qual permaneceu até 1945; em 1951 voltou à presidência pelo Partido Trabalhista Brasileiro por votação direta e com uma política nacionalista criou a campanha "O petróleo é nosso" que resultaria na criação da Petrobras. Durante seu mandato, na área trabalhista, criou a Justiça do Trabalho, o Ministério da Justiça, o salário mínimo, a Consolidação das Leis do Trabalho, a carteira profissional, a semana de 48 horas e as férias remuneradas. Permaneceu no poder até suicidar-se, em 1954.

Vilela, Teotônio (1917-1983): Nascido em Alagoas, iniciou a carreira política em 1954, quando foi eleito deputado estadual pela União Democrática Nacional (UDN). Foi vice-governador de Alagoas e, posteriormente, pela Aliança Renovadora Nacional (Arena), cumpriu dois mandatos consecutivos como senador. Ao defender a redemocratização do país, deixou a Arena e filiou-se ao partido oposicionista Movimento Democrático Brasileiro (MDB), depois PMDB. Ficou conhecido como o "menestrel das Alagoas", em homenagem feita pelos compositores Milton Nascimento e Fernando Brant em música de mesmo título, que se transformaria em um dos hinos das Diretas Já.

Especificações técnicas

Fonte: Adobe Garamond Pro 12,5 p
Entrelinha: 18,3 p
Papel (miolo): Off-white 80 g
Papel (capa): Cartão 250 g